Wer den Nächsten sieht, sieht Gott

Das Grundgebot der Liebe

Herausgegeben und eingeleitet von
Sigrid und Horst Klaus Berg

Kösel/Calwer

Biblische Texte verfremdet Band 3
Herausgegeben und eingeleitet von Sigrid und Horst Klaus Berg

CIP-Kurztitelaufnahme der Deutschen Bibliothek

Wer den Nächsten sieht, sieht Gott: d. Grundgebot d. Liebe/hrsg. u. eingel. von Sigrid u. Horst Klaus Berg. – München : Kösel; Stuttgart : Calwer Verlag, 1986. (Biblische Texte verfremdet; Bd. 3)
ISBN 3-466-36368-3 (Kösel)
ISBN 3-7668-0810-9 (Calwer Verl.)
NE: Berg, Sigrid [Hrsg.]

Gesamtherstellung: Kösel, Kempten
Umschlag: Günther Oberhauser, unter Verwendung der Abbildung von Alexej Jawlensky, Liebe, 1925. © 1986, Copyright by COSMOPRESS, Genf
ISBN 3-466-36368-3 (Kösel)
ISBN 3-7668-0810-9 (Calwer)

INHALT

EINFÜHRUNG

Ist mein Wort nicht wie Feuer, spricht der Herr, und wie ein Hammer, der Felsen zerschmeißt? Jer 23,29

„Denn gleichwie der Regen und Schnee vom Himmel fällt und nicht wieder dahin zurückkehrt, sondern feuchtet die Erde und macht sie fruchtbar und läßt wachsen, daß sie Samen zum Säen gibt und Brot zum Essen, so soll das Wort, das aus meinem Munde geht, auch sein: Es wird nicht wieder leer zu mir zurückkommen." Jes 55,10

„Und es begab sich, als Jesus diese Rede vollendet hatte, entsetzte sich das Volk über seine Lehre; denn er lehrte mit Vollmacht und nicht wie ihre Schriftgelehrten." Mt 7,28 f

Ein Wort wie Feuer... eine Rede wie Brot... eine Predigt, die Entsetzen auslöst...: So hat das Wort immer wieder Menschen in biblischer Zeit getroffen, brachte Bewegung in ihr Leben, stellte sie vor Entscheidungen.
Was ist davon geblieben?
Die immer gleichen Bibeltexte ziehen an uns vorüber: als Perikope im Gottesdienst, als vorgegebener Schriftabschnitt in der täglichen Lesung, als Stoff im Religionsunterricht.
Dadurch kommt es zu einem Gewöhnungseffekt; „overfamiliar" nennt man im Englischen ein Verhältnis, in dem übergroße Vertrautheit eine wirkliche Begegnung nicht mehr aufkommen läßt. Das allzu Bekannte erkennen wir nicht mehr.
Aber nicht nur die Gewöhnung ist die Gefahr, sondern auch, daß wir die biblische Botschaft nach unseren Bedürfnissen zurechtmachen.
Aus dem Feuer des Wortes wird nur allzu leicht die Warmhalteplatte bürgerlich-religiöser Behaglichkeit.
Wir müssen die Vertrautheit aufheben, damit die Bibel wieder fragwürdig wird.
Eine wichtige Methode ist die Verfremdung.
Die Bände „Biblische Texte verfremdet" bieten dafür viele Beispiele und Anregungen.

Drei Schritte zum Verstehen

Wer sich mit Verfremdungen beschäftigt, sieht sich mit Texten oder Bildern konfrontiert, die Aufmerksamkeit erregen und zur Auseinandersetzung provozieren wollen. Um genauer zu klären, was bei dieser Auseinandersetzung geschieht, wollen wir den Verstehensprozeß einmal schrittweise darstellen, auch wenn er beim praktischen Umgang mit Verfremdungen sicher oft ganz anders verläuft.

Wir setzen nicht bei der fertigen Verfremdung ein; diese gewinnt ja ihr eigenes Profil erst durch die Spannung zum Bibeltext, mit dem sie kritisch umgeht. Darum fragen wir in einem *1. Schritt* nach der ursprünglichen Botschaft der biblischen Überlieferung von der Liebe zum Mitmenschen, die den Verfremdungen dieses Bandes zugrunde liegt.

Sodann prüfen wir in einem *2. Schritt,* welche Barrieren, Mißverständnisse, Gewohnheiten sich heute zwischen uns und die biblischen Texte geschoben haben. Können wir ihre Botschaft noch aufnehmen?

Schließlich untersuchen wir, mit welchen Absichten und Methoden sich heute Schriftsteller und Künstler verfremdend mit diesen Texten auseinandersetzen *(3. Schritt).* Das werden wir an Beispielen aus diesem Band erläutern. (Eine ausführliche Darstellung bietet Band 1. Er enthält außerdem Modelle zum Einsatz von Bibelverfremdungen in Religionsunterricht und Gemeindearbeit sowie Anleitungen zu eigenen Verfremdungsversuchen.)

1. Schritt: Die Botschaft der biblischen Texte

Im Alten Testament ist die Beziehung zum Mitmenschen immer in die Kommunität eingebettet. Maßstab ist nicht, ob einer „gerecht" ist im Sinne der Normerfüllung, sondern ob einer dem von Gott geschenkten guten Leben in der Gemeinschaft gerecht wird. Alttestamentliche Ethik ist immer „Ethik im Plural".

Das Leben gelingt allen – oder es mißlingt für alle, das ist das Fundament. Der hebräische Mensch weiß, daß sich Gott von Anfang an und immer mit den Schwachen und Unterdrückten verbindet – wer sie aus dem Lebenskreis abschiebt, verdrängt Gott selbst.

Diese Grundüberzeugungen scheinen deutlich aus dem kurzen Text

Spr 31,8.9 auf. – Wer dies aktive Eintreten für den Nächsten verweigert – wer fragt: „Soll ich meines Bruders Hüter sein?“ –, der ist Kain, der Brudermörder (Gen 4,1–16).
Nächstenliebe läßt sich nicht begrenzen – weder durch nationale noch durch rassische, soziale oder religiöse Vorbehalte. Dies hat Jesus vor allem in der Beispielerzählung vom Barmherzigen Samariter leidenschaftlich vertreten (Lk 10,20–34).
Ins Zentrum der Lehre Jesu führt sein Gleichnis vom Weltgericht (Mt 25,31–46). Zwei Grundgedanken bestimmen den Text:
Nächstenliebe ist immer personales Geschehen. Der in Not geratene Mensch darf nie zum Objekt werden, zum Material, an dem der einzelne seine Mildtätigkeit beweisen kann, oder gar zum Spielball politischer Interessen. Dies nimmt ihm seine Würde als Person. Jesus tritt für die Würde des leidenden Mitmenschen ein, indem er sich mit ihm identifiziert: „Was ihr einem meiner geringsten Brüder getan habt, das habt ihr mir getan.“
Der zweite Gedanke: Nächstenliebe ist immer ein Glaubens-Geschehen. Das Gleichnis läßt nur die Liebe als Maßstab dafür gelten, ob ein Leben gelungen ist oder nicht. Die ungezwungene Zuwendung zum Nächsten bedarf keiner besonderen Programmatik, sondern ist ein im Grunde selbstverständlicher Ausdruck des neuen Lebens, das mit der Geschichte Jesu angefangen hat. Dies zeigen die erstaunten Fragen an Christus.
Was steht dieser guten Lebenspraxis im Weg? Wohl der Anspruch, mehr als andere zu sein, zu herrschen. Diese Versuchung ist so mächtig, daß Jesus offenbar von ihr bedrängt wurde (Mt 4,1–11) und seine Mission ausdrücklich in der Spannung von Herrschen und Dienen formulierte:

Der Menschensohn ist nicht gekommen,
daß er sich dienen lasse,
sondern daß er diene
und gebe sein Leben zu einer Bezahlung für die Vielen.
Mk 10,45

Darum ist die von Johannes erzählte Fußwaschung am letzten Abend Jesu mit seinen Jüngern (Joh 13,1–20) vielleicht der intensivste Ausdruck des Neuen Testaments für das sakramentale Vermächtnis (Johannes berichtet von der Fußwaschung anstelle der Einsetzung des Abendmahls!) und die Sendung der Jünger zur Liebe.

Zusammengefaßt: "Nächstenliebe" ist im Alten und Neuen Testament keine moralische Kategorie, kein Maßstab der geforderten sittlichen Leistungen, sondern ein Begriff, der die entscheidende Lebenschance des Menschen bezeichnet: Das eigene Leben gelingt nur im Horizont des Lebens mit anderen; wer den Nächsten verfehlt, verfehlt sich selbst. Darum sind Eigenliebe und Nächstenliebe keine Gegensätze, sondern zwei Aspekte der gleichen Lebensbasis. – Und das andere steht auch nach biblischem Verständnis fest: „Gott ist Liebe; wer in der Liebe bleibt, der bleibt in Gott und Gott in ihm" (1 Joh 4,16). Wer den Mitmenschen übersieht, „lebt in der Dunkelheit; er tappt im Dunkeln und hat die Richtung verloren" (1 Joh 2,11); da kann auch der Glaube nicht gedeihen. Umgekehrt kann sich die Liebe zum Mitmenschen auf die Zusage berufen: Wer den Nächsten sieht, sieht Gott.

2. Schritt: Wie nehmen wir heute die biblische Überlieferung wahr?

Die stärksten Barrieren vor dem in Liebe gelingenden Menschsein liegen sicher in uns selbst, in verfestigten Denkmustern und verhärteten Verhaltensweisen. Dabei geht es wahrscheinlich nicht einmal in erster Linie um bewußten Egoismus oder hervorgekehrte Hartherzigkeit, sondern eher eine Haltung, die man am besten als „soziale Dummheit" bezeichnet: die Unfähigkeit, andere in ihren Bedürfnissen und Problemen wahrzunehmen. Sie scheint weit verbreitet zu sein. Gründe dafür lassen sich leicht aufzählen: Die Werbung fixiert uns oft sehr erfolgreich auf die eigenen Bedürfnisse, Glück und Zufriedenheit versprechend. Weiter: In unserer immer komplizierter werdenden Gegenwart können wir uns oft nur noch an gruppenspezifischen Denkmustern und Normen orientieren; damit aber nimmt die Fähigkeit, andere wirklich wahrzunehmen, stark ab. Schließlich ist auch damit zu rechnen, daß eine tägliche Überflutung mit Nachrichten von Tod und Elend unsere soziale Sensibilität abstumpfen läßt.

Im Blick auf die biblische Botschaft ist sicher die Rede von der Nächstenliebe in hohem Maße von dem fatalen Gewöhnungs-Effekt betroffen, von dem schon die Rede war: Wer kann die Geschichte von Kain und Abel, das Gleichnis vom Barmherzigen Samaritaner, das „Hohelied der Liebe" aus 1 Kor 13 noch als Nachricht wahrnehmen, als eine Neuigkeit, die sein Leben verändert? Aber nicht nur Gewöhnung ist die Gefahr, sondern auch die tief ausgefahrenen Geleise bestimmter Denkmuster, die die biblischen Texte von vornherein in altvertraute Raster geraten lassen. Zwei dieser Muster sind im westeuropäischen Christentum besonders wirksam:

- Der Vorrang der Lehre vor der Liebe. Jahrhundertelang hat diese Rangordnung eine verhängnisvolle Abwertung der Liebe bewirkt. Aber: „Gott ist Liebe", stellt der 1. Johannesbrief ins Zentrum seiner Botschaft. Kurt Marti bemerkt in seiner homiletischen Auslegung dieses Briefs verwundert, „daß dennoch kein einziges der bisherigen Glaubensbekenntnisse diesen johanneischen Kronsatz . . . aufgenommen hat". (K. Marti, Gottesbefragung. Stuttgart 1982, S. 9) Und Helmut Gollwitzer formuliert im Blick auf das Gleichnis vom Weltgericht unmißverständlich, daß nicht Glaubensinhalte das Kriterium Gottes sind und nicht unsere Moral, sondern: „Die leiblichen Nöte um euch herum werden euch zum Gericht." (H. Gollwitzer, Veränderung im Diesseits. München 1973, S. 162)

  Der traditionelle Vorrang der Lehre vor der Liebe verfehlt die biblische Überlieferung und verstellt ihrer richtigen Aufnahme den Weg.
- Ein zweites Hindernis ist der Vorrang der Moral vor der Liebe. Moralisches Christentum stützt sich auf ein Normen- und Verdienstdenken, das das Christsein nach dem Maßstab der erfüllten religiösen Tugenden mißt. Damit aber verkommt die Liebe zur befohlenen sittlichen Aktion, der Mensch neben mir gerät zum Material meiner Christen-Pflicht.

Beide Grundeinstellungen verfehlen das Zentrum der biblischen Botschaft von der Nächstenliebe und versperren ihr den Weg zu uns. Verfremdungen versuchen, den Weg wieder freizumachen.

3. Schritt: Wie gehen die Verfremdungen auf diese Situation ein?

Neue Sprachformen heben die übergroße Vertrautheit auf

Zunächst einmal geht es in den Verfremdungen darum, die eingespielten Wahrnehmungsgewohnheiten des heutigen Lesers oder Hörers zu stören, dafür zu sorgen, daß das allzu Bekannte in neuem

Licht erscheint. Dabei stützen sie sich auf die Verfremdungstheorie von Bertolt Brecht, die dieser im Blick auf die Erneuerung des Theaters entwickelte („V-Effekt"). Brecht beschreibt den geplanten Vorgang so: „Der V-Effekt besteht darin, daß das Ding, ... auf welches das Augenmerk gerichtet werden soll, aus einem gewöhnlichen, bekannten ... Ding zu einem besonderen, auffälligen, unerwarteten Ding gemacht wird". (Schriften zum Theater, Werkausgabe Bd. 15, Frankfurt 1967, S. 355).
Die Verfremdung ist aber kein Selbstzweck, sondern dient dem tieferen Verständnis: „Das Selbstverständliche wird in gewisser Weise unverständlich gemacht; das geschieht aber nur, um es dann um so verständlicher zu machen", notiert Brecht (a.a.O.).

Wie kann nun diese Wirkung erzielt werden?

Vor allem durch Aufbrechen der bisherigen Sprachformen. Wenn beispielsweise die biblischen Erzählungen auf wenige Zeilen verdichtet werden, ist die Aufmerksamkeit des Lesers gleich geweckt (Beispiele: 3.3; 3.34; 3.37). Oder aus einem kurzen Spruch Jesu entfaltet sich eine Erzählung aus unserer Zeit (3.17). Besonders wirksam ist auch die Satire als neue Sprachform, sei es in der Form der Erzählung (3.6), der kritisch-provokanten Anekdote (3.22) oder der Kabarett-Szene (3.29).
Hierher gehört natürlich auch die Karikatur als Medium der kritischen Satire. Sie hat die Fähigkeit, Ereignisse, Zusammenhänge, Einstellungen in eine einzige Szene zu konzentrieren und wie mit einem Blitzlicht grell zu beleuchten. So kommt beispielsweise die oben besprochene „soziale Dummheit" in der Karikatur 3.30 von Peter Neugebauer klar heraus: Die Touristen, völlig eingefangen von ihren (Gruppen-)Interessen, können den verdurstenden Wanderer nicht als einen Menschen wahrnehmen, der ihre Hilfe braucht, sondern ordnen ihn gedanken- und damit lieblos ins Schema „Tourismus" ein – ein Beispiel, das bei uns selbstverständlich gewordene Verhaltensweisen in vielen Lebensbereichen scharf aufs Korn nimmt.
Überhaupt verwendet die *Kunst* eine ganz eigene Sprache der Verfremdung; eine ernstzunehmende künstlerische Auseinandersetzung mit einem biblischen Thema will ja nicht einen vorgegebenen Inhalt veranschaulichen oder illustrieren, sondern sucht die eigenständige Auseinandersetzung.
Zu den eindrucksvollsten Werken moderner Kunst mit einer christli-

chen Thematik gehört der Zyklus „Miserere“ von Georges Rouault. Er wurde im Kernbestand bereits zwischen 1914 und 1918 geschaffen, konnte aber erst nach dem 2. Weltkrieg erscheinen. Rouault stellt in den 58 Blättern der Folge Christus in die armselige Welt eines Pariser Vororts mit seinen kleinen Leuten, den psychisch und physisch Verkrüppelten. In dieser Welt ist das Erbarmen Jesu nötig und findet Heimat. Das hier abgedruckte 55. Blatt (3.15) zeigt zwei dieser Menschen, ausgesetzt in einer öden, leeren Landschaft. Die Textzeile „Oft hat der Blinde den Sehenden getröstet“ unterstreicht die Aussage des Bildes, daß fürsorgliche Zuwendung diese beiden von den „geringsten Brüdern“ miteinander verbindet. Das Bild schließt aber auch die Erfahrung ein, daß sich in dem Augenblick, wo aufrichtige Liebe ins Spiel kommt, oft die traditionellen Rollen verändern: Wer stark war, wird seiner Schwäche gewahr – und dem bisher Schwachen wachsen unvermutet Kräfte zu.
Kunst übernimmt auch die Funktion, seismographisch zu registrieren und mit ihren spezifischen Mitteln aufzuzeichnen, wo Menschlichkeit gefährdet oder entstellt ist. Der Maler Herbert Falken hat bedrückende Erfahrungen aus der Psychiatrie in seinen Bildern so verdichtet (3.5), daß die Frage aufkommt, ob wir mit apparativer Behandlung, Fixierung und Verwaltung in der Psychiatrie noch „Hüter“ unserer kranken Schwestern und Brüder sind.

Neue Perspektiven heben die Gewöhnung auf

Traditionellerweise nehmen wir die biblischen Texte in fest bestimmten Räumen und Zeiten wahr; ihr Ort ist die biblische Geschichte des Alten und Neuen Testaments – weit entfernt von unserer Lebenswelt. Die meisten Verfremdungen strengen sich an, diesen Abstand aufzuheben, z. B. durch eine entsprechende Veränderung der Raum- oder Zeitperspektive. In unsere Gegenwart verlagern eigentlich alle den Handlungsort; besonders deutlich zeigt sich die Verfremdung, wenn die Texte und Bilder aus Gemeinden der Dritten Welt stammen (3.8; 3.19; 3.33; 3.46) oder mit Bezug auf die Dritte Welt gestaltet sind (3.1; 3.10; 3.20; 3.31).
Besonders interessante neue Perspektiven ergeben sich immer dann, wenn die biblischen Personen gegen andere Personen wechseln. Der Gewalttäter Kain wird zu einem in der Familie unterdrückten Jungen, der am Ende keinen anderen Weg zur Befreiung mehr sieht als

den Brudermord (3.7). – Oder der Maler Otto Pankok läßt in seiner Fassung des „Barmherzigen Samariters" (3.25) die Handlung in einer expressiv gestalteten Landschaft geschehen, die Verlassenheit und Grauen widerspiegelt; der Überfallene ist eine Frau – eine Schwester all der Frauen, die in unserer Gesellschaft „unter die Räuber fallen". – Oder: Der Samaritaner erscheint als Frau, aber nicht in der traditionellen Gestalt der demütig Dienenden, sondern als Rosa Luxemburg, die sich in den politischen Kampf stürzt, weil „das Volk sie jammert" (3.27). Wir sehen uns mit der Frage konfrontiert, wie entschieden denn unser eigenes Engagement sei, wenn wir für uns selbst die Rolle des Barmherzigen beanspruchen.

Provokationen brechen erstarrte Wahrnehmungsmuster auf

Gerade das letzte Beispiel werden manche als Angriff auf die eigenen religiösen Gefühle oder als Beleidigung der Heiligen Schrift empfinden. Tatsächlich arbeiten viele Verfremdungen stark provokativ. Auch dieser Band bietet eine Reihe von Beispielen dafür.
Die satirische Zeichnung von Nikolas Maroulakis (3.18) zeigt eine einfache Szene. Ein Mensch ertrinkt; er kann nur noch die Hand aus dem Wasser strecken. Ein Pfarrer kniet am Ufer. Er lächelt dem Ertrinkenden freundlich zu, obschon der es nicht mehr sehen kann. Der Pfarrer tut das, was er gelernt hat: Er spendet dem in Not Geratenen religiösen Trost. Aber der braucht jetzt kein Kreuz. Er braucht eine Hand, die zugreift und ihn aus dem Wasser zieht. Die Zeichnung entlarvt gut gemeintes, aber in *dieser* Situation unbrauchbares Verhalten als „soziale Dummheit". Wer sich so verhält, wie in dieser Zeichnung der Pfarrer – andere Beispiele gibt es die Fülle –, der gleicht dem Priester und Leviten in der Erzählung Jesu.
Auf die „soziale Dummheit" zielt auch der Text 3.22. Robert Gernhardt behauptet, daß Gott sich überhaupt nicht für die „geringsten Brüder" interessiere, sondern den Besuch beim Reichen viel unterhaltsamer und angenehmer finde. Die Satire greift an – aber nicht den Herrn, wie es auf den ersten Blick erscheinen möchte, sondern die Weise, wie es faktisch in unserer Welt zugeht. Gott verhält sich hier so, wie es für einen von uns völlig normal wäre. Aber im Sinne Jesu ist es völlig un-normal – die spitze *Verfremdung* des Bibeltextes entlarvt, daß wir oft der Sache Jesu und seiner Liebe ganz und gar *entfremdet* sind.

Auch den fatalen Vorrang der legalistischen Moral vor der Liebe kann die satirische Provokation freilegen. Lothar Zenetti zeigt (3.32), daß bürgerliche Anstandsregeln vor herzlicher Zuwendung rangieren. Erheblich schärfer faßt Gertrud Fussenegger (3.35) zu: Kann, muß nicht die Barmherzigkeit des „Samariters“ so weit gehen, daß er den unrettbar Verlorenen erlöst, indem er ihm den Tod gibt? Auch dieser Text will aus erstarrten Denkgewohnheiten zu einer neuen Begegnung mit der biblischen Botschaft herauslocken – nichts anderes heißt ja pro-vozieren. Wo unsere Verhaltensweisen verhärtet sind, schlägt eine Verfremdung auch einmal pro-vozierend drein, um neues Leben anzuregen. Das sollten wir bedenken, wenn wir uns provoziert fühlen.

Aufdecken des revolutionären Gehalts gibt der Botschaft ihre Dynamik zurück

Das Feuer des Wortes wieder entfachen – können wir das?
Zwei Möglichkeiten bieten sich aus dem Ensemble der Verfremdungen dieses Bandes an.
Einmal legen einige Texte und Bilder offen, wie sehr wir die biblische Botschaft entschärft haben. In seiner Paraphrase des Gleichnisses vom Weltgericht läßt Kurtmartin Magiera Christus schildern (3.20), wie er in den Elendsquartieren Südamerikas das Schicksal der »geringsten Brüder« erleidet – aber wir reagieren kleinbürgerlich, indem wir es uns „gemütlich machen“. Sogar das Kreuz haben wir „erträglich für's Wohnzimmer“ gemacht; wir schlagen noch das Kreuz, vergessen die religiöse Übung nicht, aber aus der Gemütlichkeit lassen wir uns nicht bringen. Wer einen solchen Text an sich herankommen läßt, ist auf dem besten Weg, das Feuer des Worts wieder zu spüren.
Die revolutionäre Botschaft der Bibel haben in den letzten Jahren vor allem die lateinamerikanischen Basisgemeinden neu entdeckt; als „Relectura“, „Neulesen“ versteht sich diese Bibelbewegung. Sie begreift die biblische Rede vom befreienden Gott ganz real als Zusage ihrer Befreiung von Unterdrückung und Ausbeutung. Sicher können wir diese Beispiele nicht ohne weiteres auf unsere westeuropäischen Verhältnisse übertragen, aber wir können uns der Frage stellen, wo wir selbst die praktischen Befreiungsimpulse des Evangeliums wahrnehmen.

Wir sind am Ende unseres Rundgangs durch die Verfremdungen dieses Bandes. Die Texte und Bilder sind ans Ziel gekommen, wenn sie neues Interesse für die Bibel wecken könnten, wenn wir von Konsumenten der Worte vielleicht wieder zu „Tätern des Wortes" geworden sind, wie es der Jakobusbrief einmal formuliert (Jak 1,23). Dabei wird es nicht ausbleiben, daß wir auch versagen, wenn wir uns von der Liebe inspirieren lassen. Hildegard Wohlgemuth spricht das in ihrer Verfremdung von 1 Kor 13 (3.43) so aus:

auch die Liebe
strauchelte
und fiel aufs Kreuz . . .

Aber ein aufrichtiges Scheitern ist viel besser als träge Resignation, und es kann sich an Christus halten:

. . . Sie hatte Glück
ein anderer trug es.

1 Der Mensch aber wohnte seinem Weibe Eva bei, und sie
ward schwanger und gebar den Kain. Da sprach sie: Ich habe
einen Sohn bekommen mit des Herrn Hilfe. 2 Und weiter gebar
sie den Abel, seinen Bruder. Abel ward ein Schäfer, Kain aber
ward ein Ackerbauer. 3 Es begab sich aber nach geraumer
Zeit, daß Kain von den Früchten des Ackers dem Herrn ein
Opfer brachte. 4 Und auch Abel brachte von den Erstlingen
seiner Schafe dar und von ihrem Fette. Und der Herr sah
wohlgefällig auf Abel und sein Opfer, 5 auf Kain aber und sein
Opfer sah er nicht. Da ergrimmte Kain gar sehr und blickte
finster. 6 Und der Herr sprach zu Kain: Warum ergrimmst du,
und warum blickst du so finster? 7 Ist's nicht also? Wenn du
recht handelst, darfst du frei aufschauen; handelst du aber
nicht recht, so lauert die Sünde vor der Tür, und nach dir steht
ihre Begierde; du aber sollst Herr werden über sie! 8 Darauf
sprach Kain zu seinem Bruder Abel: Laß uns aufs Feld gehen!
Und als sie auf dem Felde waren, erhob sich Kain wider
seinen Bruder Abel und schlug ihn tot. 9 Da sprach der Herr zu
Kain: Wo ist dein Bruder Abel? Er sprach: Ich weiß nicht. Bin
ich denn meines Bruders Hüter? 10 Er aber sprach: Was hast
du getan! Horch, das Blut deines Bruders schreit zu mir empor
vom Ackerland. 11 Und nun – verflucht bist du, verbannt vom
Ackerland, das seinen Mund aufgetan hat, aus deiner Hand
das Blut deines Bruders zu empfangen. 12 Wenn du den Acker
bebauen wirst, soll er dir hinfort seinen Ertrag nicht mehr
geben: unstet und flüchtig sollst du sein auf Erden. 13 Da
sprach Kain zu dem Herrn: Meine Strafe ist größer, als daß
ich sie tragen könnte. 14 Siehe, du vertreibst mich heute vom
Ackerland, und ich muß mich vor deinem Angesicht verber-
gen; unstet und flüchtig muß ich sein auf Erden. So wird mich
denn totschlagen, wer mich antrifft. 15 Der Herr aber sprach
zu ihm: Nicht also! Wer immer Kain totschlägt, an dem wird es
siebenfältig gerächt. Und der Herr versah Kain mit einem
Zeichen, daß keiner ihn erschlüge, der ihn anträfe. 16 Also
ging Kain hinweg vom Angesichte des Herrn und wohnte im
Lande Nod, östlich von Eden.

Genesis 4,1–16

3.1 der abel-song

du sollst den abel nicht erschlagen
du sollst zu ihm nicht nigger sagen.

du sollst auf ihn nicht runtergucken
ihm nicht ins dunkle antlitz spucken.

du sollst ihn federn nicht und teeren
mit ihm nicht deine gelder mehren.

du sollst nicht peitschen seinen rücken
du sollst ihn nicht aufs schlachtfeld schicken.

du sollst nicht über ihn dich setzen
du sollst nicht seinen stolz verletzen.

du sollst ihm nicht das brot verweigern
du sollst nicht seine schulden steigern.

du sollst mit ihm nicht wucher treiben
du sollst nicht seine ehr abschneiden.

du sollst ihm nicht dein haus verschließen
du sollst nicht seinen sturz genießen.

für abels namen jeden setzt
der verfolgt gejagt gehetzt.

Josef Reding

3.2 Abel steh auf

Abel steh auf
Es muß neu gespielt werden
Täglich muß es neu gespielt werden
täglich muß die Antwort noch vor uns sein
die Antwort muß ja sein können
Wenn du nicht aufstehst Abel
wie soll die Antwort
diese einzig wichtige Antwort
sich je verändern
wir können alle Kirchen schließen
und alle Gesetzbücher abschaffen
in allen Sprachen der Erde
wenn du nur aufstehst
und es rückgängig machst
die erste falsche Antwort
auf die einzige Frage
auf die es ankommt
steh auf
damit Kain sagt
damit er es sagen kann
Ich bin dein Hüter
Bruder
wie sollte ich nicht dein Hüter sein
Täglich steh auf
damit wir es vor uns haben
dies Ja ich bin hier
ich
dein Bruder

Damit die Kinder Abels
sich nicht mehr fürchten
weil Kain nicht Kain wird

Ich schreibe dies
ich ein Kind Abels
und fürchte mich täglich
vor der Antwort
die Luft in meiner Lunge wird weniger
wie ich auf die Antwort warte

Abel steh auf
damit es anders anfängt
zwischen uns allen.

Die Feuer die brennen
das Feuer das brennt auf der Erde
soll das Feuer von Abel sein

und am Schwanz der Raketen
sollen die Feuer von Abel sein.

Hilde Domin

3.3

Als Kain Abel erschlagen hatte
und Abel darauf nichts zu
antworten wußte, war der
erste Präzedenzfall da:
Ein totes Opfer äußert
keinen Widerspruch.

Stanislaw Jerzy Lec

3.4 Kains Sprache

Wie komme ich dazu
der Hüter meines Bruders zu sein
Schließlich ist er ja groß genug
schließlich kann er ja für sich selbst sorgen
schließlich ist er ja erwachsen
und alt genug
schließlich kann er sich ja wehren

Und warum wehrt er sich nicht
frage ich mich
Warum läßt er es so weit kommen
warum reizt er mich
Immerhin bin ich doch der ältere
Schön und gut daß er Gott ernst nimmt
Ich aber verzichte nicht auf Respekt

Ich habe ein Recht auf Achtung
Ich war zuerst da und
immerhin habe ich zuerst Opfer gebracht
Wer zuerst kommt mahlt zuerst
Wo kämen wir hin
wenn die Ersten die Letzten würden
Ordnung muß sein

denn Ordnung ist das halbe Leben
und wer nicht hören will
muß fühlen
bis ihm Hören und Sehen vergeht
bis ihm der Mund gestopft wird für immer
bis er nichts mehr zu lachen hat
nichts mehr

nichts mehr
nichts
. . .
. . .
rief da jemand . . .

Kurt Wolff

3.5

Herbert Falken, Psychiatrie (Zeichnung)

3.6 Das Kainszeichen

Zur Zeit, da die einschlägigen internationalen Körperschaften ihre Nachforschungen über den unnatürlichen Tod Abels wiederaufnahmen, weilte Kain, der Bruder des Dahingeschiedenen, im Lande Nod und bestellte seinen Acker. Er tat das ohne besonderen Erfolg – hatte er doch, ehe er seßhaft wurde, ein Vagabundenleben geführt und sich nie mit Landwirtschaft beschäftigt. Außerdem litt er darunter, daß die damalige Weltbevölkerung – ihre Gesamtzahl belief sich ursprünglich auf vier Personen – den Umgang mit ihm mied. Das lag an den hartnäckigen Gerüchten, die ihm eine mehr als zwielichtige Rolle in der oben erwähnten Affäre zuschrieben. Es galt als sicher, daß Kain zu einem unsteten und flüchtigen Erdendasein verurteilt worden war, obwohl andererseits feststand, daß die Verurteilung sich lediglich auf Indizienbeweise stützte. Höheren Orts war man sich über diesen juristischen Defekt durchaus im klaren, weshalb man ja auch von einem Todesurteil abgesehen hatte.
So lagen die Dinge, als auf einem der östlich von Eden gelegenen Äcker Kains eines Tages aus einem Erdloch eine gelbe, stark riechende Flüssigkeit emporschoß, die, wie sich alsbald zeigte, hervorragend geeignet war, Feuer zu unterhalten und im Winter die kalten Wohnhöhlen zu heizen.
Die neuen Untersuchungen des Falles Kain, die daraufhin von einigen blockfreien Nationen in die Wege geleitet wurden, konnten die Schwächen des gegen Kain ergangenen Urteils überzeugend bloßlegen. Kain war ja nicht etwa auf frischer Tat ertappt worden, sondern nur deshalb in den Verdacht der Täterschaft geraten, weil sich auf der ganzen bewohnten Welt niemand anderer finden ließ. Diesen Umstand, der übrigens einen traurigen Beweis für die unzureichenden Sicherheitsvorkehrungen der Behörden darstellte, hatte Kain bereits im Prozeß hervorgehoben. Auch die Frage des Tatmotivs entzog sich nach wie vor einer zufriedenstellenden Aufklärung, um so mehr, als der Verdacht gegen Kain in einer bis dahin glücklich dahinlebenden Familie entstanden war. Sogar die Staatsanwaltschaft mußte zugeben, daß Kains Eltern eine vorbildlich harmonische Ehe geführt hatten, was sich jederzeit auf Herz und Rippe nachprüfen ließ. Ein weiterer Schlechtpunkt für die Anklage

ergab sich daraus, daß der Kronzeuge Adam, der mittlerweile im bemerkenswerten Alter von 782 Lenzen stand, sich an nichts mehr erinnern konnte, außer an seine Eheschließung mit der Schlange.
Obwohl die Dinge sich für ihn recht günstig anließen, brach Kain plötzlich zusammen und legte ein Geständnis ab. Gott, so gab er an, hätte Abels Opfer akzeptiert und seines verschmäht. Darin erblickte er einen flagranten Fall von Diskriminierung und die eigentliche Ursache, warum ein Viertel der Menschheit vernichtet wurde.
Jetzt griffen die Großmächte, die stärkstes Interesse an jener hochwertigen gelben Flüssigkeit hatten, in das Verfahren ein. Sie ließen durch einige mit ihnen verbündete Staaten die Frage aufwerfen, ob Kains Geständnis nicht vielleicht unter unzulässigem Druck erfolgt wäre und ob der Schauplatz des angeblichen Totschlags sich nicht auf einem zu Kains Besitz gehörigen Territorium ereignet hätte, das von Abel widerrechtlich in Anspruch genommen worden sei. Der Vertreter Pakistans gab sogar zu bedenken, daß die Schafherde Abels ohne vorherige Warnung in das Kainsche Hoheitsgebiet eingedrungen sein könnte. Daraufhin habe Kain seine Selbstbeherrschung verloren, und als er sich bückte, um sie wiederzufinden, sei er von Abel attackiert worden. Es spräche somit alles dafür, daß Kain in berechtigter Notwehr gehandelt hätte.
Im Hinblick auf diese Erkenntnisse übergaben 29 blockfreie Staaten dem UNO-Generalsekretär Waldheim eine Petition, in der sie verlangten, daß die ganze Angelegenheit neu aufgerollt werden müßte. Sie wurden von den Ländern des NATO-Paktes unterstützt, deren Entschließungsantrag ein wenig besser ausgewogen war und die Schuld an dem bedauerlichen Vorfall gleichmäßig auf beide Brüder verteilt. Der sowjetische Delegierte ging jedoch einen Schritt weiter und stellte fest, daß es zu diesem Vorfall niemals gekommen wäre, wenn Abel keine Besitzansprüche auf ein ihm nicht gehöriges Gebiet erhoben hätte.
In liberalen und intellektuellen Kreisen begann dieser Standpunkt immer größeren Anklang zu finden. Unter dem Schlagwort „Gerechtigkeit für Kain!“ setzten Protestaktionen ein, fortschrittliche deutsche Zeitschriften veröffentlichten tiefschürfende Analysen über die latenten Aggressionstendenzen Abels, schwedische Studenten demonstrierten für Kains Rehabilitierung und beriefen sich auf einen Leitartikel der „Prawda“, der sich für „die legitimen Rechte Kains“ eingesetzt hatte. Die Volksrepublik China rügte die

reformistisch verwaschene Haltung der Sowjetunion und bezeichnete Abel als den eindeutig Schuldigen, Oberst Gadaffi nannte ihn einen „dreckigen Mörder“, und einer der geistigen Führer der Dritten Welt, Feldmarschall Dr. h. c. Idi Amin Dada, forderte in einem sechstausendachthundert Worte langen Telegramm die Völker Afrikas auf, zum Zeichen der endgültigen Überwindung des Kolonialismus die Leiche Abels auszugraben und ins Meer zu werfen.

Nach längeren Debatten beschloß die Vollversammlung der UNO mit einer Mehrheit von 29 Stimmen bei 132 Enthaltungen, die gerechten Bemühungen Kains um Wiedergutmachung eines historischen Irrtums zu unterstützen und lud ihn als Beobachter zur nächsten Sitzung des Sicherheitsrates ein.

Wenige Wochen, nachdem man entdeckt hatte, daß die im Lande Nod gefundene Flüssigkeit sich auch für Beleuchtungszwecke eignete, trat die Vollversammlung unter dem Vorsitz Algeriens neuerlich zusammen. Gegenstand der Beratungen war ein Antrag auf Änderung des Resolution Nr. 369, deren entscheidende Stelle nunmehr lauten sollte: „Und Abel erhob sich wider seinen Bruder Kain und wurde von ihm in Notwehr erschlagen.“ Die Gegenstimmen – insgesamt zwei – kamen von Israel, das am Urtext festhalten wollte, und von Ecuador infolge eines technischen Versehens. Hinter den Kulissen gelang es den Vereinigten Staaten, eine gemäßigte Textfassung durchzusetzen, in der einerseits „eine aktive, in vorbereitender Funktion erfolgte Beteiligung Abels an seiner Ermordung“ festgestellt und andererseits unter ausdrücklichem Hinweis auf Kain „jede Anwendung von Gewalt“ schärfstens verurteilt wurde. Dieser Kompromißvorschlag fand einstimmige Billigung.

Kains Auftritt vor den Vereinten Nationen gestaltete sich zu einem noch nicht dagewesenen Triumph. Von Beifall umtost, betrat der unerschrockene Kämpfer für Recht und Gerechtigkeit das Rednerpult, in der einen Hand die Keule, mit der er sich gegen seinen Bruder gewehrt hatte, in der anderen Hand eine Lampe mit der begehrten gelben Flüssigkeit; er richtete einen flammenden Appell an die Gemeinschaft der Völker, fortan in brüderlicher Liebe zusammenzuleben und das Wort „Gewalt“ aus ihren Wörterbüchern zu streichen.

Der Sicherheitsrat beschloß die Einsetzung eines „Unterausschusses

zur Bereinigung historischer Fehlentscheidungen“ und wählte Kain zum Vorsitzenden.
Auch die UNESCO ließ sich nicht lumpen und schuf einen alljährlich zu verteilenden Preis „für den erfolgreichsten Beitrag zur Förderung des Weltfriedens“. Der Preis hatte die Form einer in Gold gehaltenen Plakette, die von zwei quer ausgehöhlten Linien durchlaufen war, und hieß zu Ehren seines ersten Empfängers „Das Kainszeichen“.

Ephraim Kishon

3.7 Papa, geliebter Papa

Bua, was is' denn mit dir,
du bist so bleich,
bist' krank, magst' dich niederlegen?
Schau dein' Bruder an, der is immer g'sund,
und schaut aus wie das blühende Leben.
Also, was is' los, wo tut's dir weh,
mach den Mund auf, Bub, sprich!

Papa, Papa, du schaust so streng,
Papa, ich trau' mich nicht.

Bua, was is' denn mit dir,
jetzt weinst auch noch,
komm her zu mir, schau mich an!
Du weißt, dein Bruder, der is' viel jünger als du,
aber benimmt sich schon wie ein Mann.
Was bedrückt dich denn, mir kannst' es doch sagen,
also Bub, warum weinst'?

Papa, Papa, wirst böse sein,
wirst mir nie verzeihen.

Bua, was is' denn mit dir,
du zitterst ja,
du zitterst am ganzen Leib.
Dein Bruder, der hat nie a' Angst,
grad bu bist so schrecklich feig.
Herrgott, jetzt reiß' dich z'amm',
laß mich nicht böse werden,
du weißt doch was dir dann droht!

Papa, Papa, ich hab' so a' Angst,
Papa, ich wär' so gern tot.

Was versteckst' denn da hinten,
zeig die Hände her,
Bub, die sind ja blutverschmiert!
Hast' dich g'schnitten an der Sichel,
draußen am Feld,
also ihm wär' das nicht passiert!
Warum sind wir nur so g'straft mit dir,
kann mir das irgendwer sagen?

Papa, geliebter Papa,
ich hab meinen Bruder erschlagen.

Ludwig Hirsch

*

Oeffne deinen Mund für die Witwe,
schaffe Recht
allen verwaisten Kindern.
Oeffne deinen Mund
zu gerechtem Spruch
und schaffe Recht
dem Elenden und Armen.

Sprüche 31,8–9

3.8

Jacob Matsose, „Who will speak for us?“

3.9

Die unter der Sonne wohnen,
schattenhaft,
vergessen und totgeschwiegen . . .
Ich tue meinen Mund auf für die Stummen:
Atme Herr, gib ihnen Würde,
stürz die Verächter herab.
Ich tue meinen Mund auf für die Stummen
und für die Sache aller,
die verlassen sind.

Die nebeneinander leben,
Tag für Tag,
und haben sich nichts zu sagen . . .

Ich tue meinen Mund auf für die Stummen:
Atme, so tauen die Lippen,
fällt das Tagewerk leicht.
Ich tue meinen Mund auf für die Stummen
und für die Sache aller,
die verlassen sind.

Die einen Schatz Worte hüten,
ohne Gewinn,
den neuen Münzen mißtrauen . . .
Ich tue meinen Mund auf für die Stummen:
Atme, so werden sie sprechen.
Teil dein Vermögen aus.
Ich tue meinen Mund auf für die Stummen
und für die Sache aller,
die verlassen sind.

Christine Heuser

3.10

Ich heiße Thomas Kleiner:

Ich spreche für den Indio Eusebio Nantez,
der früher „Lachende Sonne“ hieß.

Eusebio lebt im Nordosten Brasiliens.
Er arbeitet als Tagelöhner.
Er verdient 25 Cents am Tag –
im Monat 30 Mark.
Das reicht nicht aus, die Familie zu ernähren.
Von seinen 8 Kindern sind 3 verhungert.

Brasilien verkauft den Weißen Land,
Indioland.
Die Einwohner müssen das Kaufland verlassen.
Eusebios Brüder sind erschossen worden.
Eusebio hat Angst.

Wer ruft das Unrecht aus?
Wer kann ihm helfen?
Wo findet er Gerechtigkeit?

Ich heiße Joachim Müller:

Ich spreche für Batimajo.
Batimajo ist Pfarrer in Windhuk, Namibia.

Sein Land ist geteilt
in eins für Weiße
und eins für Schwarze.

Seine Kirche ist auch geteilt
in eine für Weiße
und eine für Schwarze.

Sogar die Theologie ist geteilt
in eine für Weiße
und eine für Schwarze.

Batimajo stellt seine Fragen,
er fragt die Schwarzen
er fragt die Weißen
er fragt uns:
Warum ist das so?
Soll das so bleiben?
Wer hat das Recht, Leben zu teilen?

Ich heiße Austen Peter Brandt:

Ich spreche für Achmed Ötztürk,
der in Berlin-Kreuzberg wohnt.

Achmed Ötztürk arbeitet seit drei Jahren
in einer Berliner Chemie-Fabrik.
Tag für Tag steht er an derselben Maschine.
Die Maschine übertönt jeden Laut.
Bei der Arbeit kann er mit seinen Kollegen nicht reden.
In den kurzen Arbeitspausen
verstecken sich alle hinter ihren Zeitungen.

Er sucht Menschen, mit denen er reden kann.
Er sucht Menschen, die er fragen kann:
Wer hilft mir beim Finanzamt, beim Arzt, bei der
Krankenkasse
Werde ich nicht dauernd übers Ohr gehauen?
Bin ich der nächste, der hier entlassen wird?

Ich heiße Margret Schoenborn:

Ich spreche für Linda Khamalo in Südafrika.

60 Jahre hat Linda Khamalo gearbeitet,
für Weiße im weißen Johannesburg.
Seit 20 Jahren wohnt sie in Soweto,
als Schwarze im schwarzen Johannesburg.
Nun ist sie krank, müde und alt,
zu alt zum Arbeiten.

Aber wer in Johannesburg nicht arbeitet,
darf nicht in Soweto wohnen.
Täglich rechnet Linda Khamalo mit der Polizei,
die sie wegschicken wird,
ausweisen in ein Zulugebiet, wo sie niemanden kennt.
Es sei doch ihr Heimatland,
sagen die Weißen.

Linda Khamalo bekommt eine Rente: 9 Rand im Monat.
Ihr Zimmer in Soweto kostet 8 Rand im Monat.
Von einem Rand könnte sie nicht einen Tag leben.
Wer bei uns arbeitet, der bringt es zu etwas,
sagen die Weißen.

Linda hat drei Freundinnen in Soweto,
sie arbeiten noch – und sorgen für sie.
Wer sonst wollte sich ihrer annehmen?
Ist ihr Leben weniger wert als ihre Arbeitskraft?
Und was ist ihre Arbeitskraft schon wert gewesen?

Ich heiße Herta Frenzel:

Ich spreche für Binka Taikon.
Binka Teikon ist eine Zigeunerin
und wohnt in einer großen Stadt im Ruhrgebiet.

Zigeuner sind vor vielen hundert Jahren aus Indien ausgewandert.
Zigeuner haben ihre eigene Sprache.
Zigeuner haben eigene Sitten und Bräuche.
Zigeuner sind geschickte Handwerker.
Zigeuner können wahrsagen und aus den Handlinien lesen.
Zigeuner singen fremdartige Lieder und tanzen fremdartige Tänze auf ihren Festen.
Zigeuner wurden zu Hitlers Zeiten vergast, wie die Juden.

„Lustig ist das Zigeunerleben“, singen die Leute
und trotzdem schreien sie,

wenn ein Zigeuner leibhaftig auftaucht:
„Nehmt die Wäsche von der Leine,
die Zigeuner kommen . . .“
und sie sagen:
„Zigeuner stehlen kleine Kinder!“

Binka möchte mit ihrer Familie heimisch werden
in der großen Stadt im Ruhrgebiet.
Sie wohnen in einer Obdachlosen-Siedlung,
denn kein Hauswirt will sie haben.
Ihre Kinder besuchen die Schule,
aber keiner will mit ihnen spielen.
Die Menschen um sie herum sind voller Vorurteile.
Sie haben Angst vor den Zigeunern.
Und die Zigeuner haben Angst
vor den Nachbarn,
die mit ihnen nicht leben wollen.

Wer kann helfen, die Angst abzubauen?
Wer schafft gegenseitiges Verständnis?
Wer hilft, daß Binkas Kinder gute Freunde finden?

Refrain:

Wir hören die Fragen, wir hören die Klagen,
im Menschen, der leidet, leidet Gott.
Wir hören sein Fragen, wir hören sein Klagen,
im Menschen, der schreit, ruft uns Gott.

Arnim Juhre

[1] Habet acht, daß ihr eure Gerechtigkeit nicht übt vor den Leuten, um von ihnen gesehen zu werden; wo nicht, so habt ihr keinen Lohn bei eurem Vater in den Himmeln.
[2] Wenn du nun Almosen gibst, so laß nicht vor dir her posaunen, wie die Heuchler tun in den Synagogen und auf den Gassen, damit sie von den Leuten gepriesen werden. Wahrlich, ich sage euch: Sie haben ihren Lohn
dahin. [3] Wenn aber du Almosen gibst, soll deine linke
Hand nicht wissen, was deine rechte tut, [4] damit dein Almosen im Verborgenen sei; und dein Vater, der ins Verborgene sieht, wird es dir vergelten.

Matthäus 6,1–4

3.11 Hilfe für andere – oder für sich selbst?

[1] Hütet Euch davor, nur um Eures Rufes willen recht zu handeln. Das verkehrt Nächstenliebe in versteckten Egoismus. Er kann das Leben eines Menschen niemals glücklich
machen. [2] Wenn Ihr also etwas zugunsten anderer tut, so trumpft mit Eurer Hilfsbereitschaft nicht überall auf. Das tun die, die nur aus Geltungsbedürfnis helfen. Der mögliche Erfolg für den eigenen Ruf ist ein sehr zweifelhafter Lohn.
[3] Ihr solltet auf diesen Lohn verzichten – [4] in dem Bewußtsein, daß Hilfe für andere, gerade wenn sie anonym und ohne egoistische Hintergedanken erfolgt, für alle ein Gewinn ist – auch für die Helfer.

Rudolf Kautzky

3.12 Gebet in Sachen Nächstenliebe

Wenn ich
einem Menschen helfe,
der mich braucht,
der mein Nächster ist,
mir also zu nahe kommt,
näher meistens, als ich es will –

dann nicht, um meinen Grundsätzen treu zu bleiben,
nicht, um mit mir selbst zufrieden zu sein,
nicht, um ein Gebot zu erfüllen,
nicht, um auf der Erde was zu bessern –

sondern bitte so, Herr,
daß meine linke Hand nicht weiß,
was die rechte tut,
daß ich morgen nicht mehr weiß,
was ich gestern tat,
daß ich nicht mir zuschreibe,
was du in mir
und durch mich tust –

und
daß ich diesem Menschen helfe
um seiner selbst willen,
wie du es tust,
ja dies erbitte ich am meisten
von dir.

Lothar Zenetti

[31] Wenn aber der Sohn des Menschen in seiner Herrlich-
keit kommen wird und alle Engel mit ihm, dann wird er
sich auf den Thron seiner Herrlichkeit setzen, [32] und vor
ihm werden alle Völker versammelt werden, und er wird
sie voneinander sondern, wie der Hirt die Schafe von den
Böcken sondert. [33] Und die Schafe wird er zu seiner
Rechten stellen, die Böcke aber zur Linken. [34] Dann wird
der König denen zu seiner Rechten sagen: Kommet her,
ihr Gesegneten meines Vaters, ererbet das Reich, das
euch von Grundlegung der Welt an bereitet ist! [35] Denn
ich war hungrig, und ihr habt mir zu essen gegeben; ich
war durstig, und ihr habt mich getränkt; ich war fremd,
und ihr habt mich beherbergt; [36] [ich war] nackt, und ihr
habt mich bekleidet; ich war krank, und ihr habt mich
besucht; ich war im Gefängnis, und ihr seid zu mir
gekommen. [37] Dann werden ihm die Gerechten antwor-
ten und sagen: Herr, wann sahen wir dich hungrig und
haben dich gespeist? oder durstig und haben dich ge-
tränkt? [38] Wann sahen wir dich als Fremden und haben
dich beherbergt? oder nackt und haben dich bekleidet?
[39] Wann sahen wir dich krank oder im Gefängnis und sind
zu dir gekommen? [40] Und der König wird ihnen antwor-
ten und sagen: Wahrlich, ich sage euch: Wiefern ihr es
einem dieser meiner geringsten Brüder getan habt, habt
ihr es mir getan.

[41] Dann wird er auch sagen zu denen zur Linken: Gehet
hinweg von mir, ihr Verfluchten, in das ewige Feuer, das
mein Vater dem Teufel und seinen Engeln bereitet hat!
[42] Denn ich war hungrig, und ihr habt mir nicht zu essen
gegeben; ich war durstig, und ihr habt mich nicht ge-
tränkt; [43] ich war fremd, und ihr habt mich nicht beher-
bergt; [ich war] nackt, und ihr habt mich nicht bekleidet;
[ich war] krank und im Gefängnis, und ihr habt mich

nicht besucht. [44] *Dann werden auch sie antworten: Herr, wann sahen wir dich hungrig oder durstig oder als Fremden oder nackt oder krank oder im Gefängnis und haben dir nicht gedient?* [45] *Dann wird er ihnen antworten: Wahrlich, ich sage euch: Wiefern ihr es einem dieser Geringsten nicht getan habt, habt ihr es auch mir nicht getan.* [46] *Und diese werden in die ewige Strafe gehen, die Gerechten aber in das ewige Leben.*

Matthäus 25,31–46

3.13

jesus
zeig mir den nächsten
wie fern er mir ist
ich sehe nur
meine gedanken über ihn
wenn er spricht
höre ich nur
meine worte
allzuschnell nicke ich
schlag ihm auf die schulter
und sage freund

gib ihn mir
wie er ist
er gehört zu mir
näher als ich weiß
lerne mich weinen
deinen blick aushalten

Ernst Eggimann

3.14 An jenem Tage

An jenem Tage,
der kein Tag mehr ist –
vielleicht wird er sagen:

Was tretet ihr an
mit euren Körbchen voller Verdienste,
die klein sind wie Haselnüsse
und meistens hohl?
Was wollt ihr
mit euren Taschen voller Tugenden,
zu denen ihr gekommen seid
aus Mangel an Mut,
weil euch Gelegenheit fehlte
oder
durch fast perfekte Dressur?

Habe ich euch
davon nicht befreit?

Wissen will ich:
Habt ihr die andern
angesteckt mit Leben?

Joachim Dachsel

3.15

Georges Rouault, Aus dem Zyklus „Miserere“

3.16 Stellenangebot

Gesucht:
Menschen

Belanglos:
Alter
Herkunft
Zeugnisse

Geboten:
Betätigungsfelder
für jede Begabung
gemäß Mt 25,35–36
sowie 1 Kor 12,4–6

Arbeitszeit:
nicht fest geregelt

Vergütung:
Mt 25,34 und
Mt 25,40

Fähigkeiten:
offene Herzen
sehende Augen
hörende Ohren
helfende Hände
wacher Geist
Sachverstand

Fortbildung:
laufend möglich

Bewerbungen:
Kennwort
„Christ sein“

Christa Peikert-Flaspöhler

3.17 Telegramme – eine moralische Feriengeschichte, in der es beinahe spukt

Zwei Tage vor Ferienbeginn flatterte ein seltsames Telegramm zu Christ's ins Haus. Einen Postboten sahen und hörten sie nicht. Die Tür war verschlossen, und doch lag es da, mitten im Gang: ein Telegramm mit auffallendem Goldrand und anmutig geschnörkelter Schrift. Der Text war kurz: – Werde gerne mit Euch die Ferien verbringen. IHS –

Ort, Datum und Adresse fehlten. Aufschluß über den Absender konnten nur die drei letzten Buchstaben geben, und Aufschluß brauchten Christ's, denn weder hatten sie jemand in ihr Ferienhaus am See eingeladen, noch hatten sie Bekannte, auf die die Buchstaben IHS zutreffen möchten. Also nahm man das Telefonbuch und ein Adressenverzeichnis hervor; aber kein IHS ließ sich ausmachen. Man telefonierte mit dem Einwohneramt, schließlich sogar mit dem Pfarrer, er möchte einmal in seiner Kartei nachsehen. Das brauchte er freilich nicht zu tun, denn IHS war eine Bezeichnung, die ihm geläufig war, die drei Buchstaben bezeichnen niemand anders als Jesus selbst. Die Auskunft des Pfarrers war überraschend und verblüffend zugleich. Christ's mußten sich darauf einstellen, in den Ferien den höchst möglichen Feriengast zu beherbergen. Ihre Gefühle waren gemischt. Gewiß dachten sie auch an die Ehre, die ein solcher Besuch bedeutete. Dennoch waren sie über die Ankündigung nicht begeistert. Ferien mit Jesus als Gast, das versprach nicht eitel angenehm zu werden, es verhieß einen ziemlichen Bruch mit dem üblichen Ferienstil, der viel Menschliches, aber wenig Himmlisches an sich hatte.

Glück, daß das Telegramm rechtzeitig eingetroffen war, so konnte man sich mit dem Wichtigsten noch eindecken. Viel Religiöses war nicht vorhanden. Außer einer verstaubten Bibel fand sich nichts. Christ's lebten in einer Mischehe und wurden sich nie klar, zu welcher Kirche Jesus eigentlich gehörte. Nun, man konnte ihn bald selber fragen. Um für alles gewappnet zu sein, ging anderntags Herr Christ zur evangelischen Buchhandlung und besorgte ein Losungsbüchlein und die gesammelten Werke Luthers. Frau Christ deckte

sich im katholischen Devotionalienladen mit Rosenkränzen und einem Messingkruzifix ein.
Mit Spannung fuhren sie zum Ferienhaus. „Wie wird er wohl kommen?“ Der kleine Christ tippte auf einen schwarzen Fiat des Vatikans, das Mädchen dachte eher an einen Helikopter oder Senkrechtstarter. „Wird er schon am ersten Tag kommen?“ – Er kam noch nicht. So konnte man in Ruhe die Koffer versorgen, die eingekauften religiösen Gegenstände sichtbar plazieren und das Gastzimmer in würdiger Weise herrichten. Nicht einig wurde man, ob er auf dem Nachttisch eine Bibel oder eine Weihwasserschale wünschte, man entschloß sich für beides. Der zweite Tag kam und verging in gespannter Erwartung. Herr Christ las die Tageslosung und aus Luthers Tischreden, Frau Christ ließ den Rosenkranz durch die Finger gleiten und legte ihn nur gerade beim Kochen auf die Seite. Die Kleinen wurden angehalten, Bilder zu biblischen Geschichten zu malen.
Niemand kam. Der dritte Ferientag brach an. Die Spannung wuchs. Die anhaltende religiöse Betätigung vom Vortrag hatte bei den jungen Christ's sichtlich Spuren hinterlassen. Sie waren gereizt und hatten sich in den Kopf gesetzt, ins Schwimmbad zu gehen. Das „kommt nicht in Frage“ von Mutter Christ ging in einer wüsten Szene unter. Die Kinder gebrauchten ungewöhnlich lästerliche Ausdrücke. Es gab gar keine andere Wahl, man mußte sie so schnell wie möglich fortlassen. „Wenn er nur jetzt nicht gerade kommt“, mit Zittern dachte es die Mutter.
Er kam den ganzen Tag nicht. Am vierten Tag rebellierte der Vater. Er ging einfach weg. Vier Tage lang in Abstinenz und bei Lindenblütentee waren zuviel. Er ging, und später torkelte er von Wirtschaft zu Wirtschaft. Die besorgte Gattin betete: „Wenn er nur heute nicht kommt.“
Er kam auch am sechsten und siebten Tag nicht. Am achten hatten sie ihn beinahe vergessen, und schließlich nahmen Christ's Ferien den gewohnten Verlauf. Das Telegramm muß ein Scherz gewesen sein, und schließlich mußten sie selbst über ihren so kurzen religiösen Anflug lachen. Sie lachten, bis sie daheim die Haustür öffneten.
Auf dem Boden lag ein neues Telegramm:
Für 14 Tage Ferien bei Euch meinen Dank – Die Schläge und Zornesworte und paar Lügen werde ich bald vergessen haben – Habe auch Liebes erfahren – Lest Matthäus 25 – IHS.

Die Bibel war schnell zur Hand. Matthäus wurde aufgeschlagen. Sie lasen: „Was ihr dem geringsten meiner Brüder angetan habt, das habt ihr mir getan.“ Vater, Mutter und Kinder – alle wurden still und ein bißchen rot.

Josef Osterwalder

3.18

Nikolas Maroulakis

3.19 Hört alle her:

Ich war hungrig und ihr
habt einen Verein mit
humanitären Zielen
gegründet, wo ihr über
meinen Hunger diskutiert habt.
Ich danke euch dafür!
Ich war im Gefängnis
und ihr seid zur Kirche
gelaufen, um für meine
Befreiung zu beten!
Ich danke euch dafür!
Ich war nackt und ihr habt
die moralische
Konsequenz meiner
Nacktheit ernsthaft
beleuchtet.
Ich war krank und ihr habt
euch auf die Knie geworfen,
um Gott dafür zu danken,
daß er euch Gesundheit
gab.
Ich war ohne Dach und ihr
habt mir den Reichtum der
Liebe Gottes gepredigt.
Ihr scheint so fromm zu sein,
so nahe bei Gott.
Aber ich, ich habe Hunger,
ich bin immer allein, nackt,
krank, ein Gefangener
ohne Dach.

Gedicht aus Malawi

3.20 vergoldet habt ihr mich künstlerisch wertvoll

ich hatte hunger
ihr habt das fotografiert
ich hatte durst
das kam in der tagesschau
ich hatte kein dach überm kopf
die fernschreiber tickten es in alle welt
ich hatte keine kleider
ihr warft sie weg
ich war krank
ihr machtet es euch gemütlich
ich saß im gefängnis
ihr dachtet
wird schon was dran sein

du
herr
im gefängnis
das kann doch nicht wahr sein
gottessohn hinter gittern
in der gosse
und ich hätte nicht geholfen gottessohn
das gibt's nicht
herr
nie habe ich dich gesehen

nie habt ihr mich gesehen
in der wellblechhütte nicht
nicht in der früh
als sie mich aus dem stadion vor das peloton
  schleppten
nicht in der nacht
als sie mir das vieh in den mais trieben
nie habt ihr mich gesehen

nicht im kindersarg der zwölfmonatebabys
nicht in den elternlosen kindern
nicht in den glanzlosen augen der vom reichtum
verdorbenen kinder
nie habt ihr mich gesehen

ich habe das kreuz angenommen
ihr stellt es auf
ich habe es getragen
ihr geht hinterher
ich bin darunter zusammengebrochen
ihr beugt die knie
ich bin dreimal darunter zusammengebrochen
ihr beugt dreimal die knie
ich bin an diesem verbrecherholz krepiert
in krämpfen
wie ein stück vieh
essig und galle im schlund
verlassen
gottverlassen
schreiend

mein gott
und ihr habt das vergoldet
in bronze gegossen
versilbert künstlerisch wertvoll
anschaulich gemacht
erträglich
fürs wohnzimmer

ich
ans kreuz geschlagen
du
ihr alle
schlagt das kreuz

Kurtmartin Magiera

3.21 Das Weltgericht

Zu allen sagte er:
Wenn der Menschensohn in seiner Herrlichkeit kommt und alle Engel mit ihm, dann wird er alle Menschen vor seinem Thron versammeln und an jeden die Frage richten:
Was hast du den Geringsten meiner Brüder getan?
Sie waren satt vom Überfluß – Hast du ihnen das Hungergefühl zurückgegeben?
Sie hielten sich für wissend und für aufgeklärt – Hast du ihnen die Augen für ihre Dünkelhaftigkeit geöffnet?
Sie haben versucht, das Leben auszukosten, und sich pausenlos zerstreut – Hast du sie aus ihren Träumen herausgeholt und wachgerüttelt?
Sie haben ihre Blöße mit Titeln und Gewändern zugedeckt – Hast du sie zur Einsicht gebracht, daß sie sich ihrer Nacktheit schämen müssen?
Sie meinten, körperliches Wohlbefinden sei der Ausdruck seelischer Gesundheit – Hast du ihnen bewußtgemacht, wie krank ihre Seele ist?
Sie wurden von ihren Trieben und Neigungen beherrscht – Hast du ihnen die Angst vor der Freiheit genommen?
Sie wiegten sich in Sicherheit – Hast du sie von dem Irrtum befreit, daß sie auf Gott nicht angewiesen sind?

Walter Rupp

3.22 Vom lieben Gott, der über die Erde wandelte

Es begab sich einmal, als der liebe Gott wieder über die Erde wandelte, daß es dunkel wurde und er am Hause des reichen Mannes anklopfte und um ein Nachtlager bat.
Doch der reiche Mann erkannte nicht, wer da vor ihm stand, und so antwortete er: „Tritt herein, unbekannter Fremder, das ist wohlgetan, daß du bei mir anklopfst. Gleich werde ich dir das schönste Bett im ganzen Haus herrichten lassen, darf ich dich in der Zwischenzeit mit feinem Backwerk und köstlichen Weinen bewirten?“ Da gab sich der liebe Gott zu erkennen und sprach erfreut: „Dein Angebot ist sehr freundlich, reicher Mann. Die letzten Male, da ich über die Erde wandelte, mußte ich nämlich immer beim armen Mann absteigen. Und da hat es mir, ehrlich gestanden, gar nicht gefallen, bei dem war alles – unter uns gesagt – doch erschreckend ärmlich.“
Nach diesen Worten aber schmausten und tranken die beiden nach Herzenslust, und es wurde noch ein richtig netter Abend.

Robert Gernhardt

3.23

eines tages
wird jesus sagen
ich war an eurer tür
und ihr habt nicht aufgemacht
ich war unehelich
und ihr habt es mich merken lassen
ich war unnormal
wie ihr sagt

und ihr habt darüber getuschelt
und einen bogen um mich gemacht
ich war öffentlich diffamiert
und ihr habt
in dasselbe horn getutet wie alle
ich lag besoffen auf der parkbank
und ihr habt euch geekelt
ich hatte kein nachtquartier
und ihr habt mich
mit einer mark abgespeist
ich wurde straffällig
und ihr habt euch von mir zurückgezogen
ich war ein ein-monat-altes embryo
und ihr sagtet weg mit ihm
ich war ein kind
und ihr habt mich
mit erwachsenenmanieren traktiert
ich spielte gern
ihr aber habt mir den ernst des lebens
und das arbeiten beigebracht
ich hatte phantasie
und ihr habt meine phantasie verachtet
und mich auf sauberkeit
und ordnung getrimmt
ich hatte durst
und ihr gabt mir einen essigschwamm
ich war nackt
und ihr hattet keine hose
und keinen rock für mich
ich hatte kein zimmer
und ihr habt euch
einen passenderen mieter gesucht
ich war dumm
wie ihr das nennt
und ihr habt mir das
immer wieder ins zeugnis geschrieben

ich war ein trinker
und ihr habt immer neue böse geschichten
über mich erfunden
ich war ein ungeborenes
und das chirurgische scharfe messer
eurer überlegungen
machte vor mir nicht halt
ich saß im gefängnis
und ihr habt mich nicht besucht

dann werden wir sagen
jesus
das kann nicht sein
du irrst
die vorwürfe stimmen nicht
wir haben dich nicht abgetrieben
wir haben dich nicht diffamiert
wir haben dich nicht
liegen lassen im dreck
wir haben dich nicht hungern sehen
wir haben dir
keinen essigschwamm gereicht
und dann wird jesus sagen
was ihr den geringsten meiner
schwestern und brüder
getan und nicht getan habt
das habt ihr mir getan oder nicht getan

Wilhelm Willms

3.24 christusbilder

clemens von alexandrien:
siehst du deinen bruder
so siehst du deinen gott

nur leben
entwirft
vom leben
lebendige
bilder

was schaben
was pinseln
die maler
auf kirchengerüsten
an toten gemälden?

des lebens
und seines fürsten
lebendiges bild
sind frauen
und männer

Kurt Marti

25 Und siehe, ein Gesetzeskundiger trat auf, ihn zu versu-
chen, und sagte: Meister, was muß ich tun, damit ich das
ewige Leben ererbe? 26 Er aber sprach zu ihm: Was steht
im Gesetze geschrieben? Wie liesest du? 27 Darauf ant-
wortete er und sagte:

„Du sollst den Herrn, deinen Gott, lieben aus deinem
ganzen Herzen und mit deiner ganzen Seele und mit
deiner ganzen Kraft und mit deinem ganzen Denken“
und „deinen Nächsten wie dich selbst“.

28 Da sprach er zu ihm: Du hast recht geantwortet; tue
das, so wirst du leben!
29 Der aber wollte sich rechtfertigen und sagte zu Jesus:
Und wer ist mein Nächster? 30 Jesus erwiderte und
sprach: Ein Mensch ging von Jerusalem nach Jericho
hinab und fiel Räubern in die Hände; die zogen ihn aus
und schlugen ihn und gingen davon und ließen ihn
halbtot liegen. 31 Zufällig aber ging ein Priester jene
Straße hinab; und er sah ihn und ging vorüber. 32 Ebenso
kam auch ein Levit an den Ort, sah ihn und ging vorüber.
33 Ein Samariter aber, der unterwegs war, kam in seine
Nähe, und als er ihn sah, hatte er Erbarmen mit ihm
34 und trat hinzu, verband seine Wunden, indem er Öl und
Wein darauf goß, hob ihn auf sein Tier, brachte ihn in
eine Herberge und pflegte ihn. 35 Und am folgenden Tage
nahm er zwei Denare heraus, gab sie dem Wirt und
sagte: Pflege ihn! und was du mehr aufwenden wirst, will
ich dir bezahlen, wenn ich wiederkomme. 36 Welcher von
diesen dreien, dünkt dich, sei der Nächste dessen gewe-
sen, der den Räubern in die Hände gefallen war? 37 Er
aber sagte: Der, welcher ihm die Barmherzigkeit erwie-
sen hat. Da sprach Jesus zu ihm. Geh auch du hin, tue
desgleichen!

Lukas 10,25–37

3.25

Otto Pankok, Das Gleichnis vom barmherzigen Samariter

3.26 Wer ist denn mein Nächster?

Was ich suche,
dachte der junge Mann,
das ist ein Mensch, ein Nächster,
aber ein richtiger,
für den ich mich engagieren kann.

Nicht so einer wie mein Vater,
dieser verknöcherte alte Trottel
mit seinen sogenannten Erfahrungen
und seinem engen Horizont.
Oder die Mutter, diese beschränkte
dumme Kuh, die nicht wagt,
sich endlich zu emanzipieren.
Erst recht nicht die Oma,
überhaupt keiner aus dieser
ganzen beschissenen Familie . . .

Nein, schon was Richtiges,
ein Strafentlassener zum Beispiel,
ein Drogenabhängiger oder ein
echt Ausgebeuteter aus der Dritten Welt,
zur Not auch ein Gastarbeiter
oder so was, halt einer, für den man
sich engagieren kann . . .

Mit solchen Gedanken beschäftigt,
ging er an einem älteren Herrn vorbei,
sah ihn und dachte: Auch so einer,
der von allem keine Ahnung hat!
Und wußte nicht, daß der, als Lehrer,
wie schon so oft auch heute wieder
gefallen war buchstäblich unter Räuber.
Und ging vorbei und suchte weiter
nach einem Nächsten, dem er
endlich helfen könnte.

Lothar Zenetti

3.27 Als sie das Elend sah

Sie
konnte nicht
vorübergehn
wie
der Priester
und
der Levit
an den Tausenden
die
unter die Räuber
gefallen waren
unter
Ausbeuter
Kriegsgewinnler
Menschenschinder
Waffenschieber
sie kam herab
von Jerusalem
und
als sie
das Elend sah
jammerte sie
des Volks
ging zu ihm
verband
seine Wunden
goß Öl
darein
und Wein
und wollte es
in die Herberge
führen
ihr Name war
Rosa Luxemburg
derhalben
sechsmal verhaftet
und ermordet
aber das Volk
das ließ sich
in drei Weltkriege
führen

Rosa Luxemburg
5. 3. 1871–15. 1. 1919

Charlotte Schmitthenner

3.28 Der barmherzige Samariter

Basisgruppe auf dem Weg nach Jericho

Auf dem Weg von Jerusalem fanden sie einen Verletzten am Straßenrand. Ein Priester, auf dem Wege zum Flugplatz, ließ anhalten, besichtigte den Tatort und notierte in seinem Tagebuch: Mitbrüder warnen vor Verlust des Propriums. Nicht zu viel Symbolhandlungen und Engagement. Verkündigung geschieht durch das Wort.
Ein Levit kam von einer Konferenz für die Organisation von Soforthilfeprogrammen. Er legte den Verletzten etwas günstiger, überlegte, ob der Fall in die Projektliste der Mission oder der Diakonie gehöre, machte ein Photo für die nächste Sammelaktion, hinterließ am Tatort eine Tagesration Verpflegung und eilte zur nächsten Konferenz.
Bald darauf zog eine Basisgruppe des Weges. Sie beschloß ein sit in, und nachdem ein Diskussionsleiter gewählt war, benutzte dieser den Verletzten am Straßenrand zu neuen Bewußtseinsübungen: „Dieser ist", so sprach er, „ein spätkapitalistisches Opfer inhumaner Leistungsdrücke bourgeoiser Wohlstands- und Konsumgesellschaften." Er eigne sich ausgezeichnet zur Schocktherapie wie auch die nächsten Opfer, die in Kürze zu erwarten seien. Jede Aktion angesichts dieser Situation sei nur systemstabilisierende Anpassungstherapie repressiver Reformer. „Genossen", so sagte er, „wer den Weg vor Räubern sichert, verschleiert nur, daß der Wald noch nicht von ihnen befreit ist und wird der Komplizenschaft schuldig."
In einer Resolution, die sie zu dem Verletzten legten, forderte die Basisgruppe: „Laßt uns ein, zwei, drei Räuber mehr machen, bis das ganze System zerschlagen ist, und aus den Trümmern der neue, der räuberlose Mensch produziert wird." Das Schlimmste an dem Ohnmächtigen, so erkannte die Basisgruppe, ist dessen unpolitischer Bewußtseinszustand.
Der Samariter, erfreut über die Vorleistungen des Leviten, nahm den Verletzten mit und gründete nach dessen Genesung mit ihm zusammen eine Selbsthilfebewegung, nachdem sich gezeigt hatte, daß die Hüter der Ordnung alle zum Schutz der Metropolen zusammengezogen worden waren.

Klaus Lefringhausen

3.29 On the way to Jericho

EVANGELIST *(Rezitativ)* Es war ein Mensch, der ging von Jerusalem hinab gen Jericho und fiel unter die Räuber; die zogen ihn aus und schlugen ihn und gingen davon und ließen ihn halbtot liegen. Es begab sich aber ungefähr, daß ein Priester dieselbe Straße hinabzog, und da er ihn sah, ging er vorüber. Desgleichen auch ein Levit: da er kam zu der Stätte und sah ihn, ging er vorüber.
Ein Samariter aber reiste und kam dahin; und da er ihn sah, jammerte ihn sein.
Ging zu ihm, verband ihm seine Wunden und goß darein Öl und Wein und hob ihn auf sein Tier und führte ihn in die Herberge und pflegte sein.
Des anderen Tages reiste er und zog heraus zwei Groschen und gab sie dem Wirte und sprach zu ihm: Pflege sein, und so du was mehr wirst dartun, will ich dir's bezahlen, wenn ich wiederkomme.

SCHWESTER *(singt)* Wie war's in Jericho vordem
Mit Samaritern unbequem.
Wenn einer kam, dann war es gut,
Wenn keiner kam, ist man verblut'.
Ooo-ho,
Ooo-ho,
On the way to Jericho!
Doch heute findt man allemal
Ein gutes Bett im Hospital,
Viel besser denn ein Herbergsstroh
In einer Herberg irgendwo.
Ooo-ho,
Ooo-ho,
On the way to Jericho!

EVANGELIST *(gesprochen)* Gottlob, heut ist das Samariterwesen in eine Ordnung gebracht, und wenn heut eine Geschichte beginnt: „Es fiel ein Mann unter die Räuber", dann wissen wir, er kommt in ein Krankenhaus. *(Ab.)*

SCHWESTER *(singt)* Man legt ihn auf die Lagerstatt
Und fragt ihn, was er wohl so hat.

Und je nachdem wird er versehn,
Und hat er nichts mehr, kann er gehn.
Ooo-ho,
Ooo-ho,
On the way to Jericho,
On the way to Jericho,
On the way to Jericho,
Oh, Lord,
On the way to Jericho!

CHEFARZT *(kommt)* Seien Sie gefälligst leise, Schwester, hier wird gestorben.

SCHWESTER Ich habe gelernt, es heißt „verlegt".

CHEFARZT Sie werden es nie lernen. Verlegt wird in der ersten und zweiten Klasse. In der dritten wird gestorben.

SCHWESTER Darf ich in der ersten weitersingen?

CHEFARZT Was fällt Ihnen ein?

SCHWESTER Mir fällt ein, daß die Einzelzimmer Doppeltüren haben.

CHEFARZT Halten Sie den Mund. Sie scheinen viel Zeit zu haben. Was haben Sie denn heute eigentlich so gemacht?

SCHWESTER 6 Uhr bis 6.05 Wecken in der 3. Klasse, 6.05 bis 6.45 in der 1. und 2. den Morgen verkündet, den Herrschaften bei der Toilette behilflich gewesen und sie frisch gebettet, alsdann die 3. auf Zack gebracht, diversen Stationsdienst gemacht, 12 Uhr bis 12.45 1. und 2. Klasse Mittagsmahl serviert, 12.45 bis 12.55 dritte Klasse Essen ausgeteilt, abwaschen geholfen, dann einigen Herrschaften der 1. und 2. Klasse bei der Verrichtung zur Hand gegangen, nunmehr zum Verdauungsappell in die 3.

CHEFARZT Dann mal dalli. Und machen Sie nicht so ein Gesicht.

SCHWESTER Herr Professor, ich bin hier als Schwester engagiert und nicht als Schwesternreklame.

CHEFARZT In der 1. Klasse machen Sie mir gefälligst nicht so ein Gesicht.

SCHWESTER Ich mache überall dasselbe, ich fühle mich in allen Klassen als Arbeitskraft 3. Klasse.

CHEFARZT Aber Schwester, Sie haben doch so einen schönen Beruf! Den Menschen zu helfen . . .

SCHWESTER Ich wüßt was Schöneres.

CHEFARZT Was denn?

SCHWESTER Dasselbe, aber anständig bezahlt.

CHEFARZT Aber Sie können doch auch mal Oberschwester werden.

SCHWESTER Ja. Dann kriege ich eine schönere Brosche an den Hals. Mit Broschen spart man Groschen.

CHEFARZT Aber Schwester...

SCHWESTER Was das schon für eine Anrede ist! Sagen Sie zu einem Pfleger Bruder oder Oberbruder? Da würde man sich doch totlachen. Die Brüder kriegen ja auch zweihundert Mark mehr und nennen sich diplomiert. Wir sind bloß examinierte Halbnonnen, über die sich die Verwaltung totlacht, weil wir so dußlig sind.

CHEFARZT Sie können ja gehen.

SCHWESTER Ich kann nicht, ich werde hier dringend verbraucht.

PFLEGER *(kommt)* Herr Professor, verzeihen Sie bitte, in der Aufnahme steht seit einer halben Stunde ein Unfall rum.

CHEFARZT Steht?

PFLEGER Liegt. Die Bahre steht.

CHEFARZT Na sehnse. Nicht dramatisieren. Holen Sie ihn rauf.

PFLEGER Ich hab niemand zum Anfassen.

CHEFARZT Keine Wehrdienstverweigerer da?

PFLEGER Nee.

CHEFARZT Skandal. Wenn man Drückeberger braucht, gibt's keine. Nehmen Sie sich einen von den Simulanten aus der Dritten. *(Pfleger ab.)*
Diese Unfälle bringen den ganzen Betrieb durcheinander. Wie soll man da noch wirtschaftlich arbeiten! Sehn Sie mal, Schwester, wenn Sie nun auch noch mehr verlangen...

SCHWESTER Dann müßten *Sie* billiger werden.

CHEFARZT Ich? Soll ich dasselbe kriegen wie Sie?

SCHWESTER Davon rede ich nicht, Herr Professor.

CHEFARZT Haben Sie was dagegen, daß ich das Zehnfache kriege?

SCHWESTER Nein.

CHEFARZT Also? Wogegen?

SCHWESTER Dagegen, daß Sie das Achtzigfache kriegen für anderer Leute Arbeit, dagegen habe ich was!

(Der Pfleger und ein zweiter Mann kommen mit einer Bahre. Auf der Bahre das Unfallopfer, in Decken nicht zu erkennen.)

CHEFARZT Unverschämtheit!

PFLEGER Was?

CHEFARZT Stellen Sie hin, hauen Sie ab. *(Die beiden gehen.)*

SCHWESTER Wo soll der Mann denn hin?

CHEFARZT *Sie* gehen zu Ihrer Verdauung.

SCHWESTER Aber, nun sehen Sie doch mal nach dem Mann!

CHEFARZT Ich sehe schon. *(Leise)* Kariertes Hemd, schwarze Fingernägel, scheint nichts Besonderes zu sein.

SCHWESTER Was ist?

CHEFARZT Scheint nichts Besonderes zu haben.

SCHWESTER Aber er ist doch ganz blau.

CHEFARZT Natürlich ist er blau. Immer dasselbe. Die Polizei denkt, wir hätten nichts zu tun.

SCHWESTER Aber sollten wir ihm nicht eine Spritze oder was ...?

CHEFARZT Was für eine Spritze?

SCHWESTER Collapsional forte oder was.

CHEFARZT Collapsional forte? Wollen Sie den Mann zugrunde richten?

SCHWESTER Ich dachte nur...

CHEFARZT Denken Sie daran, was eine Spritze kostet! Das zahlt doch keine Kasse. Nachher haut uns der Mann das Büro in Klump!

SCHWESTER Wenn er man erst so weit wäre.

CHEFARZT Nehmen Sie'n nassen Schwamm.

SCHWESTER Er will was sagen. *(Beugt sich zu der Bahre.)*
Er sagt, er kommt aus seinem Garten.

CHEFARZT Was erklärt das?

SCHWESTER Hemd und Fingernägel. Er sagt: Privat – erste Klasse.

CHEFARZT Haaa! Wo sind die Kerls? Heee! Pfleger, Träger!
(Die beiden kommen zurück.)
Rauf in die erste Klasse! Ich komme sofort. Und Ihnen, Schwester, rate ich, denken Sie nicht so viel, denken Sie an das, was Sie gelernt haben, schließlich haben Sie fuffzehn Stunden Soziologie gehabt! Rekapitulieren Sie die gefälligst mal. *(Ab.)*

SCHWESTER Jawohl, Chef!

(singt) Die Gleichheit, die ist nicht von dieser Welt.
Die gibt's erst, wie man weiß, im Himmelreiche.
Man soll den Menschen nicht beirrn,
Man soll den Kranken nicht verwirrn,
Denn abstrahiert man ihn von seinem Geld,
So fühlt er sich schon vor der Zeit als Leiche.

Verdammt und zugenäht,
Gepflastert und geschient,
Ein jeder leidet so, wie er verdient.

Und wer es anders sieht, der sieht es schief,
Man soll sich keinesfalls zu sehr erbarmen.
Es wirkt ein Wechsel des Milieus
Auf einen schlichten Kranken bös,
Jedoch im Pulk, bei Zoten, Krach und Mief
hält ihn das Leben fest mit hundert Armen.
Verdammt und zugenäht,
Gepflastert und geschient,
Ein jeder leidet so, wie er verdient.

Als Hiob mit Gebrest geschlagen ward
Und ihm vom Hab und Gute nichts geblieben,
Gar fest zum lieben Gott er stand
Und hat sich nimmer abgewandt,
Das macht, ihm blieb das Hospital erspart,
Da hätte man ihm das schon ausgetrieben.
Verdammt und zugenäht,
Gepflastert und geschient,
Ein jeder leidet so, wie er verdient.

(Die beiden Träger kommen mit der Bahre zurück, hinter ihnen der Chefarzt)

PFLEGER Er ist gestorben, als wir ihn reinlegten.

CHEFARZT Beinahe hätte er mich reingelegt. Wer konnte denn ahnen, daß er ein Erster-Klasse-Mann war. Ich hätte geschworen, er wär besoffen. Also: bis ins Bett ist er gekommen?

PFLEGER Ja.

CHEFARZT Macht einen Tag Aufenthalt. Welches Zimmer?

PFLEGER 42.

CHEFARZT Ein gutes Zimmer. Heute früh einer raus, heute abend einer rein, zwischendurch der, macht heute drei Tage.

SCHWESTER Wenn der liebe Gott uns unsere Tage auch so rechnen täte, wären wir eher bei ihm.

CHEFARZT Was wollen Sie damit sagen?

SCHWESTER Daß die Welt schlecht ist. Und solange nicht beim kranken Menschen die Ungleichheit aufhört, wird die Welt nicht besser sein als vor zweitausend Jahren!

CHEFARZT Seien Sie gefälligst leise, da wird einer verlegt. *(Chefarzt mit Trägern und Bahre ab.)*

SCHWESTER *(singt)* Wie war's in Jericho vordem
Mit Samaritern so bequem.
Denn meistens kamen sie nicht gleich.
Da kam man schnell ins Himmelreich.
Ooo-ho, ooo-ho,
On the way to Jericho.
Im Himmelreich, im Himmelreich,
Da sind die Leute alle gleich.
Doch keiner weiß, wie das wohl ist,
Drum wandre weiter, Mensch und Christ.
Ooo-ho,
Ooo-ho,
On the way to Jericho,
On the way to Jericho,
On the way to Jericho,
Oh, Lord.
On the way to Jericho.

Wolfgang Franke

3.30

Peter Neugebauer, „Anscheinend ein Einzelreisender!“

3.31 geh mach's wie clarence

einer will es genau wissen
wie man das anstellt
heutzutage
in den himmel zu kommen
ein tüftler
der sich in den frommen spielregeln gut auskennt
aber herauskriegen will
ob jesús sie einhält oder nicht

also läßt jesús ihn die spielregel rekapitulieren
und so schnurrt der kluge knabe das gelernte herunter
wie's im buche steht

du sollst den Herrn
deinen Gott
lieben . . .
und deinen Nächsten wie dich selbst

wenn du's tust
sagt jesús
wirst du leben

nun gut
was man dem nächsten schuldig ist
weiß er aus dem effeff
er kennt sich aus

kein falsches zeugnis geben wider ihn
ihn nicht schlagen
sein haus nicht haben wollen
seine frau auch nicht
ihm nicht unrecht tun
steht schon bei mose

ihm vergeben
wenn er einem unrecht getan hat
sich seiner annehmen nach eigenem vermögen
nicht schulden machen bei ihm
ohne ans zurückzahlen zu denken
ist ja mein nächster
das alles hat er parat

aber wer das eigentlich ist
dieser nächste
kann ja nicht nur der nachbar sein
das möchte er nun einmal genau wissen
für alle fälle
man kann nie wissen
wozu sowas gut ist
wann man das mal brauchen kann
so eine richtige antwort auf eine knifflige frage
das ist ja nichts ehrenrühriges
oder
fragt also jesús
und der antwortet
wie meistens
mit einer geschichte

ein mann
sagt er
geht von jerusalem nach jericho
nein
sagt jesús
ich weiß eine andere geschichte
die jerichogeschichte habt ihr sicherlich schon zu oft gehört
da gewöhnt man sich dran
ich weiß eine andere

ein mädchen
ja

es hat einen namen
clarence heißt es
geht jeden morgen um halb fünf aus ihrem dorf
der name tut nichts zur sache
zu fuß in das zwei wegstunden entfernte hospital nach
cap haitien
dort hat clarence – unter anderen – mit zwei mädchen aus
ihrem dorfe die krankenpflege gelernt
dort arbeitet sie noch heute
von halb sieben am morgen bis nachmittags um zwei
sieben tage in der woche
nach der arbeit geht's zu fuß
zwei stunden zurück
nur selten nimmt sie auf der miserablen straße
die kaum befahren ist
ein auto mit
wenn sie dann gegen vier
wenn es regnet in der regenzeit
braucht sie länger
nach elfzwölf stunden heimkommt
warten die kranken des dorfes schon sehnsüchtig auf sie
bis clarence die alle versorgt hat
ist es sechs oder sieben

die dreiundzwanzigjährige
die malariakrank und anämisch obendrein
in ihrer hütte liegt
von der frage besessen
ob sie sterben müsse
später
oder jetzt gleich als dreiundzwanzigjährige
und's von clarence wissen will

ein arbeitsloser mann
der voller würmer steckt
und das elend seiner großen familie

die immer hunger hat
im billigen rum ersäuft

der syphilitiker
der
von den geistern der voodoo besessen
und beschwatzt
besprochen und verängstigt von beutegierigen vorstehern
sich weigert
in ein krankenhaus zu gehen
nur clarence an sich ran läßt
die vierunddreißigjährige
die aussieht wie zweiundzwanzig
nur zu ihr vertrauen hat
auch mal mit ihr schlafen will
natürlich
aber nicht ankommt
freundlich verschreckt von clarence
mit lächelndem zeigefinger

um sieben also ist sie frei
bis auf donnerstag
da ist die offizielle krankenstation geöffnet
da kommen sie von weit
auch von anderen dörfern

nun paßt auf
clarence hat mit zwei freundinnen aus dem gleichen dorf
ich sagte es schon
krankenpflege gelernt
die beiden freundinnen sind nach miami geflogen
wegen des doppelten
des vierfachen
des sechsfachen lohns
wegen der geregelten arbeitszeit
und besserer heiratschancen und

naja
ihr wißt schon
wer will ihnen etwas vorwerfen . . .
clarence ist geblieben
für knappe 25 dollar im monat
was weiß ich

ich frage dich also
welche von den drei frauen
die da in cap haitien bei den frommen schwestern gelernt
haben
ist die nächste
für den syphilitiker
den verwurmten säufer
und die kleine dreiundzwanzigjährige
die sich so vor dem frühen tode fürchtet
was sagst du

na clarence
ist ja klar

da sagte jesús
wenn es so klar ist
ist's gut
geh
mach's wie clarence

Kurtmartin Magiera

3.32 Der Unfall

„Wer von diesen dreien? . . .“

Drei kamen vorüber
an der Unfallstelle,
an dem wimmernden Mann
in seinem Blut.

Der erste schaute weg
und sagte voller Mitleid:
Schrecklich, dieser arme Mensch!

Der zweite, der vorüberkam,
fand Nächstenliebe durchaus richtig,
jedoch in diesem Fall nicht ratsam,
denn es konnte eine Falle sein.

Der dritte schimpfte: Ausgerechnet!
und fluchte: Gottverdammter Mist! –
Doch half er dann, so gut er konnte.
Worüber, mein' ich,
einmal nachzudenken ist.

Lothar Zenetti

3.33 Jesus nahm das Wort

Jesus nahm das Wort und sprach: Indianer wanderten von Norden nach Süden, von Osten nach dem Westen Amerikas. Afrikaner lebten in den verschiedenen Regionen Afrikas. Dann kamen die Eroberer. Im Laufe der Jahrhunderte kamen viele. Bis heute haben sie nicht aufgehört zu kommen. Sie kommen mit ihren Systemen, ihren sozio-ökonomischen Strukturen, ihrer Weltanschauung, ihren Ideologien und Religionen. Indianer und Afrikaner fielen in die Hände der Räuber. Diese beraubten sie ihres Landes, ihrer Familie, ihrer religiösen Kulte, die als Werk des Teufels angesehen wurden, ihrer Sprache, ihres Ausdrucks und ihrer Ideen. Durch das System der Sklaverei, das in Brasilien fast 400 Jahre andauerte, schlugen sie ihnen tiefe Wunden. Die Räuber nahmen ihnen schließlich ihre Identität weg und ließen sie halbtot am Wegesrand liegen. So wurden sie zu Untermenschen, ja fast zu Nicht-Menschen. Und viele Jahre lang zogen Priester und Leviten an ihnen vorüber und gingen weiter, ohne sie zu beachten; wenige hielten an, um sich der Kranken anzunehmen. Und diejenigen, die es taten, wurden als Umstürzler verjagt, weil sie sich der von den Mächtigen aufgestellten Ordnung widersetzten.
Bis eines Tages ein Bischof des Weges ging, den Ausgeraubten sah, zu ihm trat, ihn aufhob und ihn in seine eigene Hütte, die nicht anders aussah als die der Armen in seiner Nähe, mitnahm. Dort pflegte er ihn selbst, erkannte in ihm seinen Bruder und teilte von nun an mit ihm in Solidarität das alltägliche Leben. Beide klagten Ungerechtigkeiten an, kämpften gegen die unerträgliche Situation des Lebens an, wagten den Dialog mit den für diese Situation verantwortlichen Gruppen. In ihrer Nähe fanden viele andere Arme und Reiche zugleich den Sinn für ein menschliches Miteinander.

Mauro Batista

3.34 Samariter

Zwischn Jerusalem & Jericho
a bewußtlosa Naggada im Schdraßngroom:

sowieso häd ma den aufglaubd
vabundn, vasorgd, aufn Esl gloodn, –

ko ma n doch need lieng lassn,
wenn neamands do is, dea huifd.

Zwischn Anzing & Ebersberg
a bewußtlosa Naggada im Schdraßngroom:

Entweda a Bsuffana, dem gschichd s recht, oda
a Leich, do weradsd vadächtigd, oda
a Foin: daßs de zsammschlong und ausraum –

wegschaung, gasgeem,
kimd eh glei da näxde.

Josef Wittmann

3.35 Barmherzigkeit

Auf einer Straße bewegten sich drei Fahrzeuge.
In dem ersten saß ein Bauer mit seiner Frau, seinen Kindern und seiner alten Mutter. Sie waren auf der Flucht.
In dem zweiten Fahrzeug saß ein Bursche. Er fuhr in entgegengesetzter Richtung, auf den Kriegsschauplatz zu. Eine Kamera hing an einem Riemen von seiner Schulter.
Im dritten Wagen saß ein älterer Mann mit seinem Fahrer. Beide gehörten einer der Armeen an, die hier Krieg führten. Sein Haar war ergraut, seine Lider flatterten, er litt seit einiger Zeit an Schlaflosigkeit.
Die drei Fahrzeuge bewegten sich auf ein und derselben Straße. Sie kamen kurz hintereinander an einer bestimmten Stelle vorbei. Dort lag ein Mensch.
Dieser Mensch hatte in einer der Hütten gelebt, die – nahe der Rollbahn gelegen – am vergangenen Abend durch Bomben zerstört worden waren. Ein Eisensplitter hatte sein Untergesicht weggerissen, ein anderer hatte seine Hüfte zerschmettert. Seine Haut war von Flammen versengt. So war er aus den Trümmern seiner Hütte hervorgekrochen, als letzter Überlebender seiner Gemeinde. Noch hatte er Kraft zu kriechen. Er kroch die Böschung hinauf und auf die Rollbahn. Da lag er in seinem zerfetzten blauen Kittel, wälzte sich und wimmerte. Der erste Wagen kam heran. Auf dem Kutschbock saß der Bauer, er hielt die Zügel in seiner hornigen Faust und trieb das Pferd mit der Peitsche an. Da sah der Bauer seinen Landsmann, das Bündel Mensch. Das blaue blutige Bündel lag ihm im Wege.
Da ruckte der Bauer an den Zügeln, er ließ das Pferd zur Seite traben und fuhr vorüber. Nach einer Weile brauste der Wagen heran, in dem der Bursche saß mit Kamera. Als er die zerstörten Hütten erblickte, kniff er die Lider zusammen. Als er den Verwundeten auf der Straße bemerkte, spitzte er die Lippen und stieß einen leisen Pfiff aus. Leise ließ er den Wagen ausrollen. Dann öffnete er die Tür und sprang hinaus.
Das Licht war sehr hell. Der Bursche blinzelte gegen die Sonne. Aus einem Behälter nahm er ein grünliches Glas und schraubte es vor die Linse. Er visierte den Verwundeten an, drehte an den Schrauben, visierte aufs neue. Dann drückte er ab.

Der Verwundete versuchte den Kopf zu heben und ruderte mit den Armen. Einmal lallte er etwas. Der Bursche verstand ihn nicht. Er wich zurück und stieg in seinen Wagen. Dort trug er einige Ziffern in ein Buch ein. Dann zündete er sich eine Zigarette an, schaltete um, gab Gas. Das Fahrzeug schoß davon.
Dann näherte sich der dritte Wagen. Dieses Fahrzeug war zerschrammt und zerschunden. Die Windschutzscheibe war von Kugeln durchschlagen. Der Fahrer sah das Bündel auf der Rollbahn, auch der Hauptmann sah es. Das Bündel begann sich zu regen. Der Hauptmann hob die Hand. Der Fahrer stoppte.
Der Hauptmann beugte sich über den Wagenrand. Dann stieg er aus. Auch der Fahrer stieg aus. Auf ein Wort des Hauptmanns versuchte der Fahrer das Bündel zu fassen, doch das Bündel stieß einen Schrei aus. Der Fahrer zog seine Hände zurück und schüttelte den Kopf.
Der Hauptmann sprang in den Wagen. Sein Gesicht verzog sich in einem Ausdruck von Ekel und Grauen.
Der Fahrer sagte etwas. Der Hauptmann nickte und biß die Kiefer zusammen. Dann griff er nach seiner Pistole und richtete sie auf den Verwundeten. Der Schuß zuckte aus dem Lauf. Nun lag, was dalag, still. Der Fahrer sah den Hauptmann an. „Weiter!" sagte der Hauptmann. Der Fahrer stieg ein. Der Wagen fuhr an. In der Ferne wummerte die Schlacht.
Am nächsten Tag wurde der Bauer mitsamt seiner Frau, seinen Kindern und seiner alten Mutter von der Garbe eines Maschinengewehres niedergemäht.
Der Hauptmann wurde, als der Krieg zu Ende ging, unmenschlicher Handlungen wegen vor Gericht gestellt.
Der junge Bursche verkaufte das Photo in ein Land, das am Krieg nicht teilgenommen hatte; dort wurde das Bild unter dem Titel Kriegsgreuel veröffentlicht und erregte großes Aufsehen.

Gertrud Fussenegger

1 Vor dem Passafest aber, als Jesus wußte, daß seine
Stunde gekommen sei, aus dieser Welt zum Vater zu
gehen, erwies er den Seinigen in der Welt, wie er sie
[bisher] geliebt hatte, seine Liebe bis zum Ende. 2 Und
während eines Mahles ... 3 steht Jesus ... 4 vom Mahle
auf und legt die Kleider ab, nimmt ein leinenes Tuch und
umgürtet sich. 5 Darauf gießt er Wasser in das Becken
und fängt an, den Jüngern die Füße zu waschen und mit
dem leinenen Tuch abzutrocknen, mit dem er umgürtet
war. 6 Er kommt nun an Simon Petrus. Der sagt zu ihm:
Herr, du willst mir die Füße waschen? 7 Jesus antwortet
und sagt zu ihm: Was ich tue, weißt du jetzt nicht; du
wirst es aber nachher verstehen. 8 Petrus sagt zu ihm:
Nimmermehr sollst du mir die Füße waschen! Jesus
antwortete ihm: Wenn ich dich nicht wasche, hast du
keine Gemeinschaft mit mir. 9 Simon Petrus sagt zu ihm:
Herr, nicht meine Füße nur, sondern auch die Hände
und das Haupt! 10 Jesus sagt zu ihm: Wer gewaschen ist,
bedarf [weiter] keiner Waschung, sondern er ist ganz
rein. Und ihr seid rein, aber nicht alle. 11 Denn er kannte
seinen Verräter; deshalb sagte er: Ihr seid nicht alle
rein.
12 Als er ihnen nun die Füße gewaschen und seine Kleider
genommen und sich wieder zu Tische gesetzt hatte,
sprach er zu ihnen: Versteht ihr, was ich euch getan
habe? 13 Ihr nennt mich Meister und Herr, und ihr sagt es
mit Recht; denn ich bin es. 14 Wenn nun ich, der Herr und
der Meister, euch die Füße gewaschen habe, ist es auch
eure Pflicht, einander die Füße zu waschen. 15 Denn ein
Vorbild habe ich euch gegeben, damit auch ihr tut, wie
ich euch getan habe.

Aus Johannes 13,1–15

3.36 Das Mahl war zuende

Das Mahl war zuende. Jeschua stand auf und begleitete die Gäste zur Tür. Uns andern gab er das Zeichen zu bleiben. Wir setzten uns wieder. Was sollte noch kommen? Jeschua ließ eine Schüssel bringen, eine Kanne mit Wasser und ein großes Leinentuch. Wozu denn, wir hatten unsre Hände ja schon gewaschen.

Es waren nicht die Hände, die gewaschen werden sollten. Jeschua ließ Schüssel und Kanne auf den Boden stellen, band sich sein Gewand hoch und kniete nieder vor dem, der ihm zur Rechten am nächsten saß: Schimon. Der sprang auf: Rabbi, was tust du! Steh auf, ich bitte dich!

Setz dich, Schimon, damit ich dir die Füße waschen kann.

Rabbi, nein, nie und nimmer. Du, von dem der große Täufer sagte: Ich bin nicht wert, ihm die Sandalen zu binden!

Jochanan sagte leise: So tun die heidnischen Römer bei ihren Saturnalien. Da tauschen Herr und Diener die Rolle.

Jeschua hörte das: Ja, aber ihr Rollentausch ist ein Scherz und gilt nur für einige Tage. Für uns aber ist es ein Zeichen des Neuen Bundes zwischen Gottheit und Menschheit, und also zwischen Mensch und Mensch. In meinem Reich gibt es nicht Diener noch Herren, nicht Reiche noch Arme, nicht Mächtige und Ohnmächtige. In meinem Reich ist einer der Diener des andern. Auf diesem Wort steht mein Reich und steht der Friede dieser Erde. Also, setz dich, Schimon!

Während er nun einem nach dem andern die Füße wusch und trocknete, sagte er: Wenn ich von euch gehe, und dies wird sehr bald sein, so gehe ich, um zu kommen. Wenn ich nicht gehen würde, könnte ich nicht wiederkommen.

Schimon rief: Nimm uns mit, Rabbi! Wohin du auch gehst: ich will dir folgen. Mein Leben will ich für dich geben.

Jeschua sagte: Freund Schimon, noch heute nacht wirst du leugnen, mich zu kennen. Ehe der Hahn kräht und der Morgen dämmert, hast du mich schon verleugnet.

Rabbi, was sagst du! Nie und nimmer wird das sein.
Es wird so sein, Schimon. Aber es wird auch so sein, wie du sagst: du wirst dein Leben um meinetwillen verlieren.
Wann, Rabbi, wann?
Ich sah, daß Jeschua lächelte, denn wie Schimon das sagte, hörte es sich nicht an wie Begierde danach, für den Rabbi zu sterben.
Jeschua sagte: Wenn ich von euch gegangen bin, werde ich euch den Geist der Erkenntnis senden und mit der Erkenntnis der Wahrheit auch die Kraft, für sie zu sterben. Nicht alle von euch werden eines gewaltsamen Todes sterben, aber keinem von euch bleibt es erspart, durch den Tod zu gehen. Ich rede nicht von jenem Tod, den jeder stirbt nach Ablauf seiner Erdenjahre. Ich rede von dem Tod, welcher der Wiedergeburt im Geist vorausgeht.
Einer von uns fragte: Rabbi, wie kann man sterben und wiedergeboren werden vor Ablauf der Erdenjahre?
Jeschua sagte: Wer sich nicht hingibt für Größeres als sein Ich, der erfährt die Wiedergeburt nie und nimmer. Wer sein eigenes Ich festhält, der verliert es, wer es dahingibt, der wird es haben. Nur wer sein Erden-Ich im Feuer der Liebe verbrennt, der wird in mein Reich eingehen und mich dort wiederfinden, und es wird keine Trennung mehr geben.
Als die Reihe an mich kam, sagte er: Mirjam, du hast meine Füße mit deinen Tränen gewaschen. Jetzt ist es an mir, dir diesen Dienst zu erweisen.
Dann blickte er auf und sagte: Lächle, Makkabäerin! Der Sieg ist uns gewiß. Doch zähle du nicht mehr in Jahren und Jahrzehnten. Zähl wie ich in Aionen.
Dann ging er um den Tisch und kam zu seiner Mutter, aber er wusch ihr die Füße nicht. Er sagte: Du bedarfst keiner Waschung, du bist rein von Anbeginn und die große Dienende.
Und er umarmte sie.
Dann ließ er Schüssel, Kanne und Tücher wegtragen und setzte sich wieder an seinen Platz.

Luise Rinser

3.37 Gründonnerstag

Ja, den andern mal so richtig
zeigen, wer der Boß ist!
Aber der Dumme sein, der ihnen den Dreck wegmacht?

Ja, den andern mal so richtig
begreiflich machen, was ein Hammer ist!
Aber der sein, auf den man einschlägt?

Ja, den andern mal so richtig
klarmachen, wer an allem schuld ist!
Aber ohne schuld zu sein die Schuld auf sich nehmen?

Ja, den andern mal so richtig
die Wahrheit sagen!
Aber selber Wahrheit sein?

Ja, den andern mal so richtig
den Kopf waschen!
Aber die Füße?

Lothar Zenetti

3.38 Vom Waschn

Da Jesus
hat de Jünger gsagt:
„Waschts euch gegenseitig
d Füaß!“

„Oa Hand
wascht de anderne“,
sagt ma heut.

Hardy Scharf

3.39 Nachdem er ihre Füße gewaschen hatte

Nachdem er ihre Füße gewaschen hatte, sagte er zu ihnen:
Ich habe euch ein Beispiel gegeben, damit auch ihr so handelt, wie ich an euch gehandelt habe. (Joh 13,15)

Da dachten einige:
Damit dieses Beispiel nicht vergessen wird, sollte wenigstens jährlich einmal während der Liturgie eine Fußwaschung sein.

Walter Rupp

32 *Die Menge der Gläubiggewordenen aber war* ein *Herz*
und eine *Seele; und auch nicht* einer *sagte, daß etwas von*
seinem Besitz sein eigen sei, sondern alles war ihnen
gemeinsam. 33 *Und mit großer Kraft legten die Apostel*
das Zeugnis von der Auferstehung des Herrn Jesus ab,
und große Gnade war auf ihnen allen. 34 *Denn es war*
auch kein Bedürftiger unter ihnen; alle nämlich, welche
Besitzer von Grundstücken oder Häusern waren, veräu-
ßerten [sie], brachten den Erlös des Verkauften 35 *und*
legten ihn den Aposteln zu Füßen, und man teilte jedem
aus, je nachdem einer es nötig hatte.

Apostelgeschichte 4,32–35

3.40 Teile und herrsche nicht

Daß Einige vieles und die Meisten weniger oder wenig
haben
Kann man damit erklären
Daß Einige bedeutend und die Meisten unbedeutend sind

Daß Einige fast alles und die Restlichen fast gar nichts
haben
Kann man damit erklären
Daß Einige klug und die Restlichen dumm sind

Daß Einige mächtig und die Anderen ohnmächtig sind
Kann man damit erklären
Daß Einige verschlagen und die Anderen die Geschlagenen
sind

Daß Einige immer mehr haben wollen und Viele daher immer weniger haben
Kann man damit erklären
Daß Einige über Leichen gehen und Viele unter den Leichen sind

Daß Einige über Alle regieren und diktieren
Kann man damit erklären
Daß Einige Geschichte machen müssen und mit allen Anderen Geschichte gemacht wird

Zwar heißt es
Vor Gott sind alle Menschen gleich
Und human das möchte jeder gerne sein

Aber welcher Bedeutende will sich schon mit einem Unbedeutenden
Welcher Kluge will sich schon mit einem Dummen
Welcher Verschlagene will sich schon mit einem Geschlagenen
auf eine Stufe stellen
Wer will das schon

Die Erde gehört uns allen
So wie der Sand, den man am Grabe uns eines Tages freundlicherweise
Nachwerfen wird

Aber im Leben gehören
Die Armen den Reichen
Die Dummen den Klugen
Die Geschlagenen den Verschlagenen
Die Gläubigen der Kirche
Die Schwarzen den Weißen
Die Naiven den Raffinierten

Die Schweigenden den Schwätzern
Die Friedfertigen den Streitsüchtigen

Die Erde aber könnte uns allen gehören
Wenn dein Haus auch mein Haus
Mein Geld auch dein Geld
Dein Recht auch mein Recht
Mein Los auch dein Los
Dein Kleid auch mein Kleid
Mein Glück auch dein Glück
Dein Leid auch mein Leid
Wäre

Teile und herrsche nicht!
Aber wer kann das schon.

Hans-Dieter Hüsch

3.41

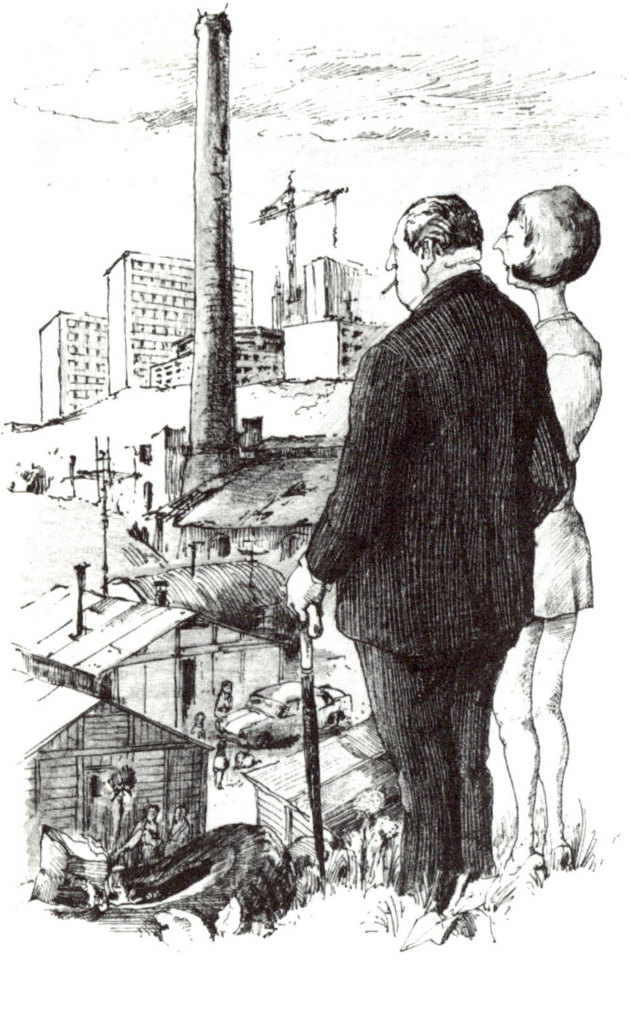

»Wie sich Leute in so einem Saustall wohlfühlen können, werde ich nie begreifen.«

Kurt Halbritter

1 Wenn ich in den Zungen der Menschen und der Engel
rede, habe aber die Liebe nicht, so bin ich ein tönendes
Erz oder eine klingende Schelle. 2 Und wenn ich [die
Gabe der] Rede aus Eingebung habe und alle Geheim-
nisse weiß und alle Erkenntnis, und wenn ich allen
Glauben habe, so daß ich Berge versetze, habe aber die
Liebe nicht, so bin ich nichts. 3 Und wenn ich alle meine
Habe zur Speisung [der Armen] austeile, und wenn ich
meinen Leib hingebe, damit ich verbrannt werde, habe
aber die Liebe nicht, so nützt es mir nichts.
4 Die Liebe ist langmütig, sie ist gütig; die Liebe eifert
nicht, die Liebe prahlt nicht, sie bläht sich nicht auf, 5 sie
tut nichts Unschickliches, sie sucht nicht das Ihre, sie
läßt sich nicht erbittern, sie rechnet das Böse nicht an;
6 sie freut sich nicht über die Ungerechtigkeit, sie freut
sich aber mit der Wahrheit; 7 sie erträgt alles, sie glaubt
alles, sie hofft alles, sie erduldet alles.
8 Die Liebe vergeht niemals. Seien es aber Reden aus
Eingebung, sie werden abgetan werden; seien es Zun-
genreden, sie werden aufhören; sei es Erkenntnis, sie
wird abgetan werden. 9 Denn unser Erkennen ist Stück-
werk, und unser Reden aus Eingebung ist Stückwerk.
10 Wenn aber das Vollkommene kommen wird, dann wird
das Stückwerk abgetan werden. 11 Als ich ein Kind war,
redete ich wie ein Kind, sann wie ein Kind, urteilte wie
ein Kind; als ich ein Mann wurde, tat ich ab, was
kindisch war. 12 Denn wir sehen jetzt [nur wie] mittels
eines Spiegels in rätselhafter Gestalt, dann aber von
Angesicht zu Angesicht. Jetzt ist mein Erkennen Stück-
werk, dann aber werde ich völlig erkennen, wie ich auch
völlig erkannt worden bin. 13 Nun aber bleibt Glaube,
Hoffnung, Liebe, diese drei; am größten aber unter
diesen ist die Liebe. 1. Korinther 13,1–13

3.42 Alles ist möglich dem der liebt

Alles ist möglich dem der liebt
hast du mir vor zwei jahren geschrieben
hinzugefügt hast du
ich soll dich erinnern
an diesen satz

Alles ist möglich dem der glaubt
steht in der geschichte vom epileptiker
hinzugefügt hat die tradition
ich soll nicht aufgeben
die schrift zu lesen

Alles ist möglich denen die hoffen
hör ich von fernen völkern sagen
hinzugefügt haben die briefschreiber
ich soll geld schicken

So erinner ich dich
an den alten satz

Dorothee Sölle

3.43 auch die Liebe

auch die Liebe
strauchelte
und fiel aufs Kreuz
Sie hatte Glück
ein anderer trug es

auch der Glaube
stand auf
und fiel auf die Füße
Er hatte
kurze Beine

auch die Hoffnung
stand auf
und fiel uns zur Last
Sie hatte im Steinbruch
Blutzeugen versteckt

auch die Ehrfurcht
agierte
und fiel aus der Rolle
Sie hatte die
komische Alte
zu sein

Hildegard Wohlgemuth

3.44 Nach erster Korinther dreizehn

I
Wenn ich
das Schweigen brechen könnte
und mit Menschen-
und Engelszungen reden
und hätte der Liebe nicht
so würde ich
leeres Stroh dreschen
und viel Lärm machen
um nichts

II
Und wenn ich wüßte
was auf uns zukommt
und könnte alle Situationen
im Simulator durchspielen
und den Winkel errechnen
unter dem ich umkehren könnte

und ließe mich nicht einfangen
vom Schwerefeld der Liebe
so schösse ich
übers Ziel hinaus
und alle Reserven
nützten mir nichts

III
Und wenn ich
bei dem Versuch zu überleben
mein Damaskus hätte
und fände mich selbst
über alle Zweifel erhaben
auf dem Pulverfaß sitzend
wie in Abrahams Schoß

und hätte die Liebe nicht
als eiserne Ration
hinübergerettet
so fiele ich
auf meinen bergeversetzenden
Glauben herein

IV
Und wenn ich
alle meine Habe den Armen gäbe
daß meine linke Hand nicht wüßte
was die recht tut
und ich ginge nicht
zur Tagesordnung über
sondern wäre der Spielverderber
und die lebende Fackel

und erklärte mich nicht
solidarisch mit der Liebe
so hätte ich
im Ernstfall
Steine statt Brot
und Essigschwämme
für den Durst des Menschen

V
Die Liebe ist lächerlich
Sie reitet auf einem Esel
über ausgebreitete Kleider
Man soll sie hochleben lassen
mit Dornen krönen
und kurzen Prozeß mit ihr machen
Sie sucht um Asyl nach
in den Mündungen unsrer Gewehre
Eine Klagesache von Weltruf
Immer noch
schwebt das Verfahren

VI
Sie stellt sich nicht ungebärdig
sondern quer zur Routine der Machthaber
Die Behauptung
sie ließe sich nicht erbittern
hat sie im Selbstversuch
eindrücklich bestätigt
Sie ballt nicht die Faust
Sie steigt nicht herab
Sie hilft sich nicht selbst

Sie dient als Kugelfang

VII
Sie freut sich nicht
über die Ungerechtigkeit
Sie ergreift Partei
für die Ausgebeuteten
Daher ist es lebensgefährlich
sich mit ihr einzulassen
Sie könnte nämlich
Bewußtsein bilden
und den Lauf der Dinge
durchkreuzen
Also üben wir ihre Vermeidung
Tuchfühlung nur
mit ihrem ungenähten Rock
dem durch und durch gewirkten
um den wir würfeln
bis zum dreimal krähenden Morgen

VIII
Was ich auch zuwege bringe
sie ist nicht produzierbar
die Liebe
In keiner Retorte zu züchten

und schon gar nicht
auszumendeln
und aus der Welt zu schaffen
Sie ist ein Skandal
geboren
bezeugt
in Beweisnot geraten
verurteilt
gestorben
begraben
in Strahlung zerfallen

IX
Die Liebe hört nicht auf
mich zu verunsichern
Sie findet Fugen zum Eingreifen
wo ich keine vermute
Sie überredet mich
in der Muttersprache des Menschen
Sie öffnet mir die Augen
und tritt als Sehnerv ein
An dieser Stelle ist der blinde Fleck
Und ich sollte nicht
mit der Wimper zucken?

X
Wir sehen jetzt den Text
nicht fettgedruckt
sondern unleserlich
im Kontext beweglicher Leuchtschrift
der an- und ausgeht
Wir sind in unserm Element
im Zustand der fressenden Larve
und können nur hoffen
bis in die Verpuppung zu kommen

in den durchsichtigen Kokon
in dem wir zu erkennen sind

XI
Nun aber bleibt
Glaube Liebe Hoffnung
diese drei
Aber die Liebe
ist das schwächste
Glied in der Kette
die Stelle
an welcher
der Teufelskreis
bricht

Eva Zeller

3.45

Wenn ich mit Menschen-
und mit Engelzungen redete
und hätte der Liebe nicht,
so wäre ich ein tönend Erz
oder eine klingende Schelle.

Wenn ich alles wüßte,
was die Fachleute aller Gebiete wissen,
wenn ich die Menschen durchschaute
bis auf den Grund
und das Geheimnis der Dinge
in mathematische Formeln
zu fassen verstände,

wenn ich Augen hätte für das Unsichtbare
und ein Gehör für das Unhörbare,
wenn ich ahnend und schauend
das Geheimnis Gottes
zu ergründen vermöchte,
und wenn mein Glaube so groß wäre,
daß ich nicht nur Berge versetzte,
sondern auch Wege wüßte,
wo Menschen keinen Weg mehr finden,
und es wäre keine Liebe in mir,
sähe ich nicht das Antlitz Gottes
im anderen Menschen,
so wäre ich nichts.

Wenn ich mit Menschen-
und mit Engelzungen redete,
wenn ich, ein Pfarrer,
jeden Sonntag auf die Kanzel stiege
und eine glanzvolle Predigt hinlegte
und die Kirche voll wäre
bis auf den letzten Platz,
und mich bewegte nicht
die Liebe zu diesen Leuten,
wäre es besser, ich hielte meinen Mund.

Und wenn ich, eine Lehrerin,
täglich fünf Stunden
vor meiner Schulklasse stände
und meine Kräfte verzehrte
in meiner täglichen Mühsal
mit Unterrichten und Korrigieren,
und mich bewegte nicht
die Liebe zu diesen Kindern,
die mir das Leben sauer machen,
dann wäre es besser,
ich ließe sie in Frieden.

Und wenn ich, die Schwester,
durch meine Tracht zur Sanftmut
und zur Liebe verpflichtet,
zwanzig Betten perfekt versorgte,
und es fehlte nirgends
die geringste Kleinigkeit,
es wäre alles sauber, blank,
steril und chemisch rein,
und ich täte es an den Menschen vorbei,
die in mir eine Schwester sehen möchten,
ich täte es ohne Liebe
auch zu den Schwierigen
und Anspruchsvollen,
ich hätte meine Berufung verfehlt.

Und wenn ich, ein Verwaltungsangestellter,
täglich hinter meinem Schalter säße
und Formulare ausfüllte,
genau und zuverlässig,
und mich in meinem Beruf hingäbe
für das Gemeinwohl,
und ich hätte keine Freundlichkeit
für die Leute,
die vor mir Schlange stehen,
ich wäre nicht als ein Stück Apparat.

Und wenn ich, die Hausfrau,
mein Leben hinbrächte –
bitte, das einzige,
das ich auf dieser Welt habe! –
mit Kochen, Waschen, Bügeln, Aufräumen,
und alle meine Interessen zurückstellte,
meine Freiheit opferte
und meine Bildung vernachlässigte,
nur weil der Haushalt laufen muß,
und mich bewegte nicht die Liebe zu den paar

Menschen, für die ich es tue,
dann wäre mein Leben vertan.

Wenn ich, ein politischer Mensch,
gegen alle Ungerechtigkeit der Welt
demonstrierte,
und mich bewegte nur der Haß
gegen die Unterdrücker,
nicht aber das Erbarmen
mit den Unterdrückten,
dann brächte ich in diese Welt
keine Spur von Gerechtigkeit.

Wenn ich die gewalttätige Gesellschaft
anprangerte,
unter deren Druck ich lebe,
und nach einer Welt riefe,
in der man einander Freiheit läßt,
und mich bewegte nichts
als die Verachtung für diejenigen,
die das Bestehende geschaffen haben,
ich brächte in diese Welt
kein Gramm Freiheit.

Wenn ich den Sozialismus predigte,
verbunden mit dem Evangelium
von Jesus Christus,
und ich täte es nur aus Rechthaberei
und um den Spießbürgern eins auszuwischen,
es wäre alles eine einzige Lüge.

Und wenn ich von Zärtlichkeit spräche
und von Phantasie im Spiel der Liebe,
und ich dächte vor allem an die Liebe,
die ich vom anderen empfangen möchte,
und nicht so sehr an den anderen, den ich liebe,

wäre ich nichts als ein
kleinkarierter Egoist.

Und wenn ich von Liebe spräche
in den höchsten Tönen
und ließe den Geliebten im Stich,
ich wäre nichts
als ein armseliger Scharlatan.

Denn es ist die Liebe,
durch die besteht, was wir tun,
in den Augen Gottes.
Was bleibt, stiften die Liebenden.

Denn das ist ihre Bestimmung:
Liebe nimmt Gottes schöpferische Kraft
so in sich auf und gibt ihr Raum,
daß sie selbst das Wort findet,
durch das Schöpfung geschieht.
Das schöpferische Wort,
das im geliebten Menschen den weckt,
der von Gott gedacht war.

Der lebt nicht nur „von unten her“,
nicht nur aus der Erde
oder aus menschlichem Wesen,
sondern aus Gottes Geist.
Nun soll Leben in ihm entstehen,
Kraft, Lebendigkeit.
Ein Menschenwesen,
das nicht ein Kind der Erde allein,
sondern auch ein Kind des Geistes ist.

Und das ist seine Bestimmung:
daß Gott ihm das neue Wesen,
das des Liebenden, verleiht.

Denn was bleibt,
stiften die Liebenden durch die Kraft,
die der liebende Gott in ihnen wirkt.

Jörg Zink

3.46 Befreiende Liebe

Und wenn ich die Ehrfurcht vor dem Leben predigte
und sähe tatenlos an das Elend meines Volkes,
so wäre ich ein Heuchler.

Und wenn ich die Befreiung der Menschheit auf mein Banner schriebe
und die Liebe zur Freiheit auf den Lippen trüge
und gäbe ihr mit meinen Händen keine Gestalt,
so wäre sie eitel.

Und wäre ich weise, den Weg des Windes zu kennen
und ließe verstreichen die Sekunde zu handeln,
so verriete ich das Gebot der Liebe.

Lange haben die Menschen gelitten; Almosen halten sie dürftig
am Leben. Und zerstören, indem sie gegeben werden,
den Willen zu handeln dem, der empfängt.
Die Liebe nimmt ihr Gesetz nicht aus Büchern oder Traditionen,
verharrt nicht bei sich selbst in abstraktem Gutsein;
ihr einziges Dogma ist der Menschen Not, die sie trifft.
Wahrhaftige Liebe verabscheut das Böse und freut sich im Kampf für das Gute.

Kann alles erdulden, alles hoffen auf dem Pfade zum Ziel.
Wird niemals aufgeben.

Kostbar wie das Leben sind uns Gerechtigkeit und menschliche Würde:
Politische Parolen werden vergilben
und Ausbeutersysteme zerfallen,
müssen neuer Ordnung weichen.
Denn die Menschheit kann nicht leben von Parolen allein.
Des Menschen Recht auf Würde und Freiheit ist Gabe von Gott,
so soll, wenn die Menschen nach Befreiung rufen,
Raum geben der, der bedrückt.
Denn als ich nicht wußte, was Würde bedeutet,
war ich blind und zu lieben nicht frei.
Erst seit ich kämpfe,
habe ich entdeckt, was in Wahrheit Liebe heißt.
Da wir Sklaven waren, sprachen wir wie Sklaven, begriffen wie Sklaven,
dachten wie Sklaven;
da wir aber frei werden,
werfen wir hinter uns die Ketten der Knechtschaft.
So müssen nun bleiben Glaube, Liebe und Hoffnung: diese drei;
aber ohne Freiheit und Würde
bleiben sie leere Schatten.

Canaan Banana, Simbabwe

Quellennachweis

S. 16 Aus: A. Juhre (Hg.), Weil wir von Hilfe leben. Jugenddienst-Verlag, Wuppertal 1974, S. 122; S. 17 Aus: Dies., Ich will dich. R. Piper & Co. Verlag, München 1970, S. 28; S. 18 Aus: Ders., Alle unfrisierten Gedanken. © 1982 Carl Hanser Verlag, München/Wien; S. 19 Aus: Ders., Ein Maulbeerbaum für die Übersicht. Neukirchner Verlag, Neukirchen-Vluyn 1980, S. 30; S. 20 Aus: Ders., Ecce Homo, Einhard Verlag, Aachen 1975, © H. Falken; S. 21 Aus: Ders., In Sachen Kain & Abel. Albert Langen – Georg Müller Verlag, München 1980; S. 24 © L. Hirsch. Aus: Bis zum Himmel hoch. Ein akustisches Liederbuch (Polydor); S. 26 Aus: Ich will ein Mensch sein. – Schwarze Kunst aus Südafrika. Wanderausstellung zu MISEREOR-Fastenaktion 1983; S. 27 Aus: A. Juhre (Hg.), Singen, um gehört zu werden. Jugenddienst-Verlag, Wuppertal 1976, S. 167f.; S. 28 Aus: Ders. (Hg.), Singen, um gehört zu werden, a.a.O., S. 145f.; S. 32 Aus: Ders., Sein Programm. Neutestamentliche Texte – neu. © 1984 by Radius-Verlag, Stuttgart, S. 26; S. 33 Aus: Ders., Sieben Farben hat das Licht. Verlag J. Pfeiffer, München 1975, S. 117; S. 35 Aus: Ders., Jesus-Texte. © 1972 by Verlags AG Die Arche, Zürich, S. 16; S. 36 Aus: Ders., Spuren im Spiegellicht. Union Verlag (VOB), DDR-Berlin 1982; S. 37 © VG Bild-Kunst, Bonn/SPADEM, Paris 1986; S. 38 Aus: Dies., Stellenangebot. Lahn-Verlag, Limburg ²1982; S. 39 Aus: Ders., Von Senf- und Samenkörnern. Matthias-Grünewald-Verlag, Mainz 1977, S. 13f.; S. 41 © Nikolas Maroulakis; S. 42 Quelle unbekannt; S. 43 Aus: Ders., Ich habe dein Gesicht gesehen. © Verlag Butzon & Bercker, Kevelaer 1975, S. 66f.; S. 45 Aus: Ders., Erstaunliche Gleichnisse. Verlag Styria, Graz 1985, S. 54; S. 46 Aus: Das Kreuz mit dem Frieden. Elefanten Press, Berlin 1982. Rechte beim Autor; S. 46 Aus: Ders., Der geerdete Himmel. Nr. 6.5. © Verlag Butzon & Bercker, Kevelaer ⁶1983; S. 49 Aus: Ders., geduld und revolte. die gedichte am rand. © 1984 by Radius-Verlag, Stuttgart, S. 57; S. 51 © Eva Pankok, Hünxe; S. 52 Aus: Ders., Die wunderbare Zeitvermehrung. Verlag J. Pfeiffer, München ²1983, S. 58; S. 53 Aus: Dies., Sammelt die Schwerter ein. Mit neuer Stimme Frieden schaffen. Verlag am Eschbach, 7849 Eschbach 1982; S. 54 Aus: H. Stapperfenne, Alles in schönster Ordnung. Jugenddienst-Verlag, Wuppertal ²1975, S. 153; S. 55 Mit frdl. Genehmigung des Autors; S. 61 Aus: Ders., Alltägliche Geschichten. © STERN; S. 62 Aus: Ders., Ich habe dein Gesicht gesehen, a.a.O., S. 46–48; S. 67 Aus: Ders., Die wunderbare Zeitvermehrung, a.a.O., S. 57; S. 68 Aus: Missio konkret 1/83. MISSIO, München; S. 69 Aus: unser scheene koide hoamat. Verlag Passavia, Passau 1982; S. 70 Aus: Almanach 5 f. Literatur u. Theologie. Red. G. Debus u. A. Juhre. Hammer Verlag, Wuppertal 1971; S. 73 Aus: Dies., Mirjam. S. Fischer Verlag, Frankfurt ⁵1983, S. 267–269; S. 75 Aus: Ders., Sieben Farben hat das Licht, a.a.O., S. 217; S. 76 Mit frdl. Genehmigung des Autors; S. 76 Aus: W. Rupp, Erstaunliche Gleichnisse, a.a.O., S. 130; S. 77 Mit frdl. Genehmigung des Autors; S. 80 Aus: Ders., Jeder hat das Recht. © 1976 Carl Hanser Verlag, München/Wien; S. 82 Aus: Dies., Spiel doch von Brot und Rosen. Wolfgang Fietkau Verlag, Berlin 1981; S. 83 Aus: Dies., auch ich auch du. Wolfgang Fietkau Verlag, Berlin 1975; S. 84 Aus: Dies., Auf dem Wasser gehen. Deutsche Verlags-Anstalt, Stuttgart 1979, S. 74–78; S. 88 Aus: Ders., Was bleibt, stiften die Liebenden. Kreuz Verlag, Stuttgart 1979, S. 200ff.; S. 93 Aus: Brigitte u. Volker Kahl (Hg.), Aufgestanden gegen den Tod. Union Verlag (VOB), DDR-Berlin 1984, S. 65f.

Biblische Texte verfremdet

– scheinbar vertraute Texte aus der Bibel erhalten Frische, Aktualität und Schärfe.

Band 1
136 Seiten, kart.

Band 2
94 Seiten, kart.

Band 3
94 Seiten, kart.

Die neue Reihe, herausgegeben von Sigrid und Horst Klaus Berg, konfrontiert biblische Grundtexte, geordnet nach wichtigen Aspekten der christlichen Botschaft, mit Verfremdungen deutschsprachiger Autoren unserer Zeit. Sie wendet sich nicht nur an Theologen, Religionslehrer, Seelsorger und Erzieher, die mehr oder weniger professionellen Umgang mit der Bibel haben, sondern ermuntert alle Christen, die über der gewohnten Bibellektüre und deren Auslegung müde geworden sind. Gleichzeitig mit dem Einleitungband zur Reihe erscheinen die beiden ersten Themenbände. Jeder Band enthält etwa zehn wichtige Bibeltexte zu seinem Thema und dazu etwa 50 Verfremdungen in Wort und Bild. Eine Kurzeinführung zum Thema und knappe Hinweise zu einzelnen Bildern und Texten eröffnen jeden Band.

Die nächsten beiden Bände befassen sich mit den Themen »Wer ist Jesus?« und »Psalmen« oder »Ehre Gottes«.

Kösel-Verlag / Calwer Verlag